신나는 어린이 중국어 1

교사용 지도서

정상현, 난메이샹, 유한나 지음

다락원

교사용 지도서

지은이 정상현, 난메이샹, 유한나
펴낸이 정규도
펴낸곳 (주)다락원

초판 1쇄 발행 2014년 3월 27일
초판 2쇄 발행 2018년 12월 24일

책임편집 김혜민, 장성아, 이상윤
디자인 박나래, 임미영
일러스트 윤유리, 이정화

다락원 경기도 파주시 문발로 211
내용문의: (02)736-2031 내선 430~439
구입문의: (02)736-2031 내선 250~252
Fax: (02)732-2037
출판등록 1977년 9월 16일 제406-2008-000007호

값 12,800원

ISBN 978-89-277-2142-0 14720
978-89-277-2141-3(set)

머리말

본 교사용 지도서는 〈신나는 어린이 중국어〉 교재로 수업을 진행하는 교사가 수업 목표를 효과적으로 달성하고 수업을 좀 더 원활하게 진행하는 데 도움이 되고자 기획하게 되었습니다. 따라서 체계적이고 일관성 있는 수업 절차와 방법을 제시하고, 학습 내용을 내재화하는 데 도움이 될 수 있는 다양한 활동을 소개하여 교사들이 수업 시간에 쉽게 활용할 수 있도록 구성하였습니다. 또한 각 단원마다 제시된 학습 목표를 토대로 그에 적합한 교수법과 지도 방식을 선택해 보다 과학적인 수업을 진행할 수 있을 것입니다.

본 교사용 지도서는 한 과의 수업을 4차시로 구성하여 한 권당 총 32차시의 수업으로 진행할 수 있도록 설계하였습니다. 단, 예비 단원의 수업 시간은 제외하였습니다. 매 차시는 도입에 해당하는 〈들어가기〉, 전개에 해당하는 〈펼치기〉, 정리에 해당하는 〈마무리하기〉로 나누었고, 차시별로 수업 진행 과정을 비교적 자세하게 다루어 교사의 편의를 도모하였습니다. 필요에 따라 본서에서는 다루지 못했던 내용을 '보충' 코너에서 다루었는데, 본서의 내용과 연결하여 진행할 수 있는 노래 및 활동을 추가적으로 소개함으로써 수업의 다양성과 흥미를 확보할 수 있을 것입니다. 뿐만 아니라 교사가 수업 진행 과정에서 염두에 두어야 할 교육 이론 등은 '지도 tip'에서 언급하였으며, 교사가 활동지를 준비하는 시간과 관련 자료를 검색하는 시간을 단축할 수 있기를 기대하며 관련 사이트 정보를 제공하였습니다.

본 교사용 지도서는 학습자 수준을 감안하여 다양한 방법으로 체계적인 수업이 진행되어 어린 학습자들이 중국어 학습에 흥미를 느낄 수 있기를 바라는 마음을 담았습니다. 본 교사용 지도서가 어린이 중국어 수업을 위해 현장에서 끝없이 노력하고 계시는 선생님들께 작은 도움이 될 수 있기를 희망합니다.

정상현, 난메이샹, 유한나

이 책의 구성과 활용

본 교사용 지도서는 본서를 효과적으로 가르칠 수 있는 지도 방법과 다양한 수업 자료를 풍부하게 제시하여 수업 현장에서 효율적으로 활용할 수 있도록 구성하였습니다.

1 단원 개요

2 你是哪国人? 너는 어느 나라 사람이니?

단원 소개 및 학습 내용

중국은 다양한 소수민족이 모여 구성된 나라임을 이해하도록 한다. 나아가 중국인들이 사용하는 언어에 대해 이해할 수 있다. 또한 다양한 나라의 이름을 중국어로 익히고 상대방의 국적을 묻고 답하는 표현도 익힐 수 있다.

단원 학습 목표

1. 운모 'o ou ong'과 관련된 발음을 정확하게 할 수 있다.
2. 중국어로 국적을 묻고 답할 수 있다.
3. 제3성의 성조 변화를 익힐 수 있다.

단원 지도 계획

차시	교재 범위	학습 단계	학습 내용
1	26~29쪽	문화	중국인도 못 알아듣는 중국어?
		발음	운모 'o ou ong'과 성모 'b p m f d t n l'
		새 단어	본문 새 단어 학습 쓰기 연습(不, 是, 吗)
2	30~31쪽	회화	국적 묻고 답하기
3	32~33쪽	교체 연습	'吗'를 활용한 의문문 '是'를 활용한 긍정 · 부정 표현
		연습 문제	발음 및 본문 내용 관련 문제 풀기
4	34~35쪽	확장 연습	다양한 나라 이름 알기
		활동	나라 이름을 익혀요!

2 你是哪国人? 너는 어느 나라 사람이니? 27

해당 단원에서 학습할 내용과 학습 목표를 한 눈에 확인할 수 있습니다. 매 단원은 4차시로 구성되어 있으며 차시별 수업 내용을 일목요연하게 정리했습니다.

2 차시별 지도 내용

모든 차시는 **들어가기**, **펼치기**, **마무리하기** 세 부분으로 구성되어 있습니다.

들어가기 지난 시간에 배운 내용이나 과제를 확인하고, 새로 배울 내용을 소개합니다.

펼치기 차시별로 학습 목표를 달성하기 위한 교수 · 학습 과정과 구체적인 지도 방법이 담겨 있습니다.

◆ 개별 지도 사항 안에서 보충이 필요한 경우에 상세한 설명을 추가했습니다.

보충 본서에서 확장된 학습 정보와 활동을 제공합니다. 학생들의 학습 수준과 흥미 정도에 따라 적절한 활용이 가능합니다.

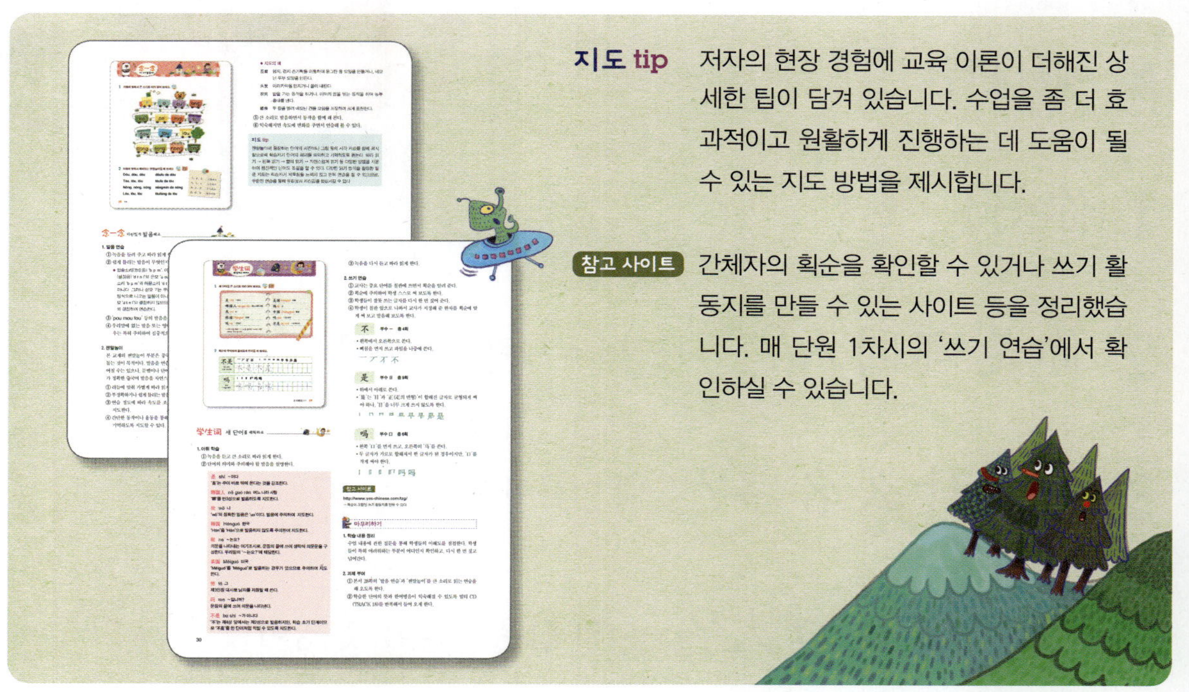
지도 tip
저자의 현장 경험에 교육 이론이 더해진 상세한 팁이 담겨 있습니다. 수업을 좀 더 효과적이고 원활하게 진행하는 데 도움이 될 수 있는 지도 방법을 제시합니다.
참고 사이트
간체자의 획순을 확인할 수 있거나 쓰기 활동지를 만들 수 있는 사이트 등을 정리했습니다. 매 단원 1차시의 '쓰기 연습'에서 확인하실 수 있습니다.

마무리하기 해당 단원 학습 내용의 이해도를 점검하고, 학습 내용을 정리합니다.

3 부록

본서와 동일한 내용의 단어 카드를 수업 시간에 활용하기 편리하도록 본서보다 큰 사이즈로 제공합니다.

1과
好
hǎo

차례

1권의 학습 내용

과	제목	구분	내용
1과	你好! 안녕!	문화	14억 명과 인사할 수 있는 말, 니하오!
		발음	운모 a ai ao an ang과 성모 b p m f
		핵심표현	만났을 때 하는 인사 / 헤어질 때 하는 인사
		확장연습	감사와 사과의 표현
2과	你是哪国人? 너는 어느 나라 사람이니?	문화	중국인도 못 알아듣는 중국어?
		발음	운모 o ou ong과 성모 b p m f d t n l
		핵심표현	국적 묻고 답하기
		확장연습	다양한 나라 이름
3과	你叫什么名字? 네 이름이 뭐니?	문화	중국 사람들은 이름이 두 개라고요?
		발음	운모 e ei en eng 와 성모 d t n l g k h
		핵심표현	이름 묻고 답하기
		확장연습	어른의 성함을 묻는 표현
4과	你家有几口人? 너희 집은 식구가 몇 명이니?	문화	중국에는 아직도 황제가 있다?
		발음	운모 ia ie iao iu(iou)와 성모 j q x
		핵심표현	有를 활용한 가족구성원 설명 / 가족 수 묻고 답하기
		확장연습	다양한 가족명칭
5과	你哥哥多大? 네 형은 몇 살이니?	문화	팔자 타령하는 중국인?!
		발음	운모 in ian iang ing iong과 성모 j q x
		핵심표현	나이 묻고 답하기 / 真을 활용하여 감탄 표현하기
		확장연습	손가락으로 1~10까지 숫자 표현하기
6과	今天几月几号? 오늘은 몇 월 며칠이니?	문화	5월 5일, 선물을 못 받는 중국 어린이?!
		발음	운모 ua uo uai ui(uei)와 성모 zh ch sh r
		핵심표현	날짜와 요일 묻고 답하기
		확장연습	생일 묻고 답하기 / 한국과 중국의 기념일
7과	那是老师的书吗? 저것은 선생님의 책이에요?	문화	하나를 알면 열을 알 수 있는 중국어?
		발음	운모 uan un(uen) uang ueng와 성모 zh ch sh r z c s
		핵심표현	这, 那를 활용하여 사물 묻고 답하기
		확장연습	교실 안 다양한 사물의 명칭
8과	我想当画家。 나는 화가가 되고 싶어.	문화	중국의 별난 직업?
		발음	운모 üe üan ün과 성모 j q x
		핵심표현	취미와 장래희망 말하기
		확장연습	다양한 직업 명칭

★ 신나는 어린이 중국어는 한 과의 수업을 4차시로 구성하여 한 권당 총 32차시의 수업으로 진행하도록 설계하였으나, 학습자의 이해 정도 및 수업 여건에 따라 탄력적으로 조정하여 지도하실 수 있습니다.

멀티 CD 활용하기

단어, 애니메이션, 게임, 노래 등이 수록된 멀티 CD를 수업 시간에 활용하여, 활기찬 수업 분위기를 조성하고 학습 효과를 높여 보세요.

1. 플래시

- 메인 화면에서 해당 과를 클릭하면, 각 과에서 플래시로 구성된 내용을 확인할 수 있습니다.
- 을 클릭하면 메인 화면으로 돌아가며, 을 클릭하면 플래시를 종료합니다.

- 개별 단어를 클릭하며 발음과 뜻을 확인해 보세요.
- **전체 듣기**를 클릭하여 목록에 있는 단어 전체를 들어 볼 수 있습니다.

- 念一念 자신 있게 발음해요 코너의 잰말놀이를 플래시로 확인해 보세요.
- **듣기 설정**에서 **잰말놀이 듣기**와 **반주만 듣기** 둘 중 하나로 설정할 수 있습니다.

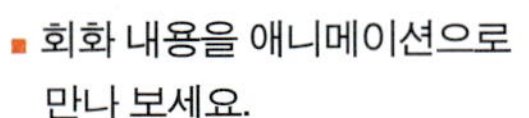

- 회화 내용을 애니메이션으로 만나 보세요.
- **자막 설정**에서 **한자, 한어병음, 한글해석** 중 하나로 설정할 수 있습니다.

- 玩一玩 신나게 놀아 봐요 코너 중 노래가 있는 1과, 5과, 6과의 내용을 플래시로 담았습니다.
- **듣기 설정**에서 **노래 듣기**와 **반주 듣기** 둘 중 하나로 설정할 수 있습니다.

- 1, 2과의 단어/3, 4과의 단어/5, 6과의 단어/7, 8과의 단어를 게임으로 복습해 보세요. 재미있게 카드의 짝을 맞춰보며 한자와 한어병음을 자연스럽게 익힐 수 있습니다.

2. 오디오 음원 

본서와 워크북의 오디오 파일이 담겨 있습니다.

- **플래시** 본 CD를 PC에 넣으면 플래시가 실행됩니다. 플래시가 실행이 안될 경우, CD 드라이브 안의 main.exe를 더블 클릭해 주세요.
- **오디오 음원** 본 CD를 PC에 넣고 CD 드라이브 안의 오디오 폴더를 열어 재생하세요.

예비 단원

단원 소개 및 학습 내용

중국어를 처음 배우는 학생들이 중국어의 개념을 바로 알고 중국어 발음의 특징과 구성 요소를 정확하게 익힐 수 있도록 한다. 중국어의 기초를 튼튼히 쌓아 즐거운 수업이 될 수 있도록 한다.

단원 학습 목표

1. 중국어 발음의 구성 요소인 성조, 운모, 성모를 이해할 수 있다.
2. 4개 성조와 경성의 역할 및 발음 방법을 익힐 수 있다.
3. 36개의 운모와 21개의 성모를 연습할 수 있다.

단원 지도 계획

차시	교재 범위	학습 단계	학습 내용
1	10~11쪽	중국어 소개	중국어의 개념 번체자와 간체자의 구분 한어병음의 정의 및 구성 요소
		성조	성조의 의미와 역할
2	12~15쪽	운모	운모의 정의 단운모와 복운모
		성모	뽀포모포 song으로 익히는 성모
		성모와 운모의 결합	성모와 운모의 발음 연습

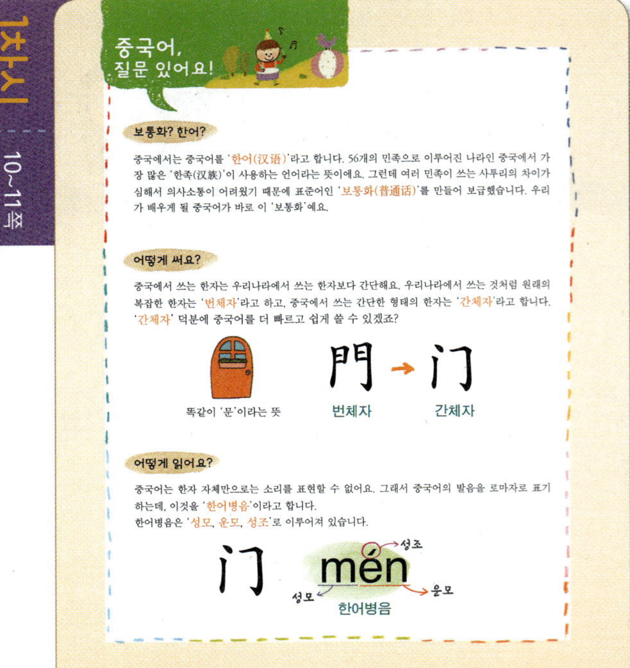
중국어, 질문 있어요!

보통화? 한어?

중국에서는 중국어를 '한어(汉语)'라고 합니다. 56개의 민족으로 이루어진 나라인 중국에서 가장 많은 '한족(汉族)'이 사용하는 언어라는 뜻이에요. 그런데 여러 민족이 쓰는 사투리의 차이가 심해서 의사소통이 어려웠기 때문에 표준어인 '보통화(普通话)'를 만들어 보급했습니다. 우리가 배우게 될 중국어가 바로 이 '보통화'예요.

어떻게 써요?

중국에서 쓰는 한자는 우리나라에서 쓰는 한자보다 간단해요. 우리나라에서 쓰는 것처럼 원래의 복잡한 한자는 '번체자'라고 하고, 중국에서 쓰는 간단한 형태의 한자는 '간체자'라고 합니다. '간체자' 덕분에 중국어를 더 빠르고 쉽게 쓸 수 있겠죠?

門 → 门

똑같이 '문'이라는 뜻 번체자 간체자

어떻게 읽어요?

중국어는 한자 자체만으로는 소리를 표현할 수 없어요. 그래서 중국어의 발음을 로마자로 표기하는데, 이것을 '한어병음'이라고 합니다.
한어병음은 '성모, 운모, 성조'로 이루어져 있습니다.

门 mén 성조 성모 운모

한어병음

학습 목표

- 중국어 기본 상식을 이해할 수 있다.
- 중국어의 구성 요소에 대해 이해할 수 있다.
- 중국어 발음 요소를 이해하고 정확하게 발음할 수 있다.

수업 준비물

교재, 음성 자료, 한어병음 카드 혹은 구강 단면도

들어가기

- 새로 배울 내용 소개
  ① 학습 목표를 소개한다.
  ② 학습자들에게 '중국'하면 떠오르는 것들이 무엇이 있는지에 대해 질문함으로써 흥미를 유발한다.
  ③ 실제 학생들의 생활과 밀접한 관련이 있는 부분을 언급하며 앞으로 배울 내용을 소개한다.

펼치기

● 중국어, 질문 있어요! ●

- 중국어 소개
  ① 중국어, 한어, 보통화의 개념에 대해 설명한다.

◆ 중국어(中国语) 중국어란 중국 사람들이 하는 말을 일컫는 국가적 개념에서의 중국어이다. 중국인이 말하는 중국어는 중국 국적의 국민들이 사용하는 여러 언어들의 통칭으로, 한어 뿐만 아니라 소수민족의 고유 언어를 포함한다.

한어(汉语) 한어란 '한족(汉族)'의 언어라는 뜻으로, 민족적 개념에서의 중국어이다. 중국 인구의 대다수를 차지하는 한족의 언어라는 뜻이기 때문에 중국인은 보통 자기 나라의 말을 '汉语'라고 한다. 반면 '华语'는 '화교(华侨)'들이 사용하는 중국어를 가리킨다.

보통화(普通话) 보통화란 현재 중국에서 사용하고 있는 '北京语'를 기준으로 한 표준어를 말한다.

지도 tip

고학년들에게는 중국어의 개념에 대해 자세히 설명할 수 있으나, 어린 학습자들은 이해하기 어려우므로 중국어의 개념에 대해서 간략히 소개만 하고 넘어간다.

② 간체자와 번체자의 차이에 대해 설명한다.

◆ 중국에서는 '간체자(简体字)'를 사용한다. '간체자'란 현재 우리나라, 대만, 홍콩 등지에서 사용하는 한자인 '번체자(繁体字)'의 복잡한 획수를 간단하게 줄여서 쓰기 편하고 쉽게 외울 수 있도록 한 한자를 말한다. 중국에서 사용하는 간략화된 글자를 '간체자(简体字)'라고 부르지만, 엄격하게 구분하면 간체자는 과거 중국에서 존재했던 약자체를 모두 통칭하는 말이고, 현재 중국에서 사용되고 있는 규범화된 글자체는 '간화자(简化字)'이다.

예 龍 → 龙 | 漢 → 汉 | 學 → 学 | 國 → 国

지도 tip

어린 학습자들에게 번체자, 간체자, 간화자의 개념에 대해 이해시키기보다는 중국의 한자가 한국에서 사용하는 한자와는 차이가 있음을 알게 한다. 또한 한자를 어려워 하는 어린 학습자들이 한자가 복잡하고 쓰기 어려운 글자라는 인식에서 벗어날 수 있도록 한자의 장점에 대해 소개할 수도 있다. 한자는 모양, 소리, 뜻이 합해져 있을 뿐 아니라, 일정한 규칙이 있어 체계적으로 학습하면 쉽게 배울 수 있는 장점이 있는 글자임을 알게 한다.

③ 한어병음의 정의 및 구성 요소에 대해 설명한다.

◆ '한어병음(汉语拼音)'은 알파벳 로마자를 빌려서 중국어의 발음을 표기하는 방법을 말한다. 한어병음은 성모, 운모, 성조 세 가지 요소로 이루어져 있는데, 이를 가리켜 '성운조(声韵调)'의 결합이라고 한다. 성모와 운모가 결합하여 하나의 음절을 이루고, 여기에 음의 높낮이를 나타내는 성조가 더해지는 것이다. 이 세 가지가 모두 정확하고 자연스럽게 발음되어야 제대로 중국어의 의미를 전달할 수 있다. 예를 들어 '马 mǎ'에서 맨 앞의 자음 'm'은 성모이고, 나머지 요소 'a'는 운모이다. 각각의 성모와 운모를 발음함과 동시에 제3성으로 발음해야 비로소 '말'이라는 뜻의 중국어가 완성되는 것이다.

중국어,
어떻게 발음해요?

중국어의 성조

성조란 음의 높낮이를 말해요. 중국어는 기본적으로 제1성, 제2성, 제3성, 제4성이 있고, 짧고 가볍게 발음하는 경성이 있어요. 성조는 운모의 주요 모음인 'a, o, e, i, u, ü' 위에 표기합니다. 경성의 경우는 운모 위에 아무런 표기도 하지 않습니다.

성조에 따라 뜻이 달라지기 때문에 중국어에서 성조는 아주 중요하답니다.

mā 妈　má 麻
mǎ 马　mà 骂

● 중국어, 어떻게 발음해요? ●

1. 성조의 정의

① 성조의 개념에 대해 소개한다.

◆ 성조란 음의 높낮이를 만한다. 중국어에서 성조는 음의 높이와 변화를 나타내어 단어의 의미를 구별하는 역할을 한다. 중국어에는 매 음절마다 성조가 있으며, 같은 발음이라 할지라도 성조가 다르면 의미가 달라진다. 중국어 보통화에는 음평(阴平), 양평(阳平), 상성(上声), 거성(去声) 등 네 개의 성조가 있다. 보통 제1성, 제2성, 제3성, 제4성으로 칭한다.

② 교재에 나온 단어를 큰 소리로 읽어 보게 하고, 성조가 달라지면 의미도 달라질 수 있음을 설명한다.

③ 정확한 발음으로 성조를 따라 읽는 연습을 한다.

2. 성조의 유형

제1성

가장 높은 5도에서 시작하여 5도로 끝나는 성조이다. 높고 평탄하게 끝까지 힘을 빼지 말고 '솔'의 음높이를 유지한다. 제1성을 중간 높이에서 시작하거나 낮게 읽으면 다른 성조에도 영향을 끼치게 된다. 예를 들어, 제1성과 제4성은 모두 5의 위치에서 높게 음을 잡아야 한다. 만약 제1성의 첫 음높이가 너무 낮으면 음은 더 아래로 내려가지 못하기 때문에 제4성처럼 높은 데서 아래로 내려와야 하는 성조를 발음하는데 어려움을 겪을 수도 있다.

예 妈 mā | 高 gāo | 飞 fēi | 天 tiān | 空 kōng

제2성

중간 음에서 가장 높은 음으로 단숨에 끌어 올린다. '미'의 음높이에서 짧고 빠르게 '솔'의 음높이로 치고 올라가며 뒤쪽에 힘을 넣는다. 제2성의 발음은 중간에서 상승해야 하므로 그 첫 음높이가 너무 높거나 또 너무 낮아서는 안 된다. 만약 첫 음높이가 너무 높으면 계속 상승하기 어렵고, 또 너무 낮으면 제2성이 늘어지게 된다.

예 麻 má | 忙 máng | 齐 qí | 来 lái | 回 huí

제3성

약간 낮은 음에서 가장 낮은 음으로 떨어졌다가 다시 올라가는 성조이다. '레'의 음높이에서 숨을 내쉬며 '도'의 음높이로 낮게 내린 후 '파'의 음높이까지 자연스럽게 상승시킨다. 첫 음높이가 가장 높은 것도, 가장 낮은 것도 아닌 반저음의 위치에서 시작한 다음, 가장 낮은 음으로 내린 후 다시 반고음으로 올려야 한다. 따라서 첫 음과 끝음의 높이가 명확하지 않고 중간에 굴절되기 때문에 발음하기가 쉽지 않아, 네 가지 성조 가운데 파악하기 어려운 성조 중 하나이다.

예 马 mǎ | 我 wǒ | 给 gěi | 好 hǎo | 有 yǒu

제4성

가장 높음 음에서 가장 낮은 음으로 떨어지는 음이다. '솔'의 음높이에서 앞부분에 힘을 주고 빠른 속도로 '도'까지 뚝 떨어진다. 첫 음높이를 알맞게 잡아야 제4성에서 음을 내리는 데 어려움을 겪지 않는다.

예 骂 mà | 帽 mào | 替 tì | 爱 ài | 见 jiàn

지도 tip
비교적 간단해 보이는 제1성과 제4성은 모두 5도의 높이에서 시작하는 발음으로, 중국인들의 평소 말 높이가 우리보다 높아서 익숙하지 않은 높이에서 음을 시작해야 하는 어려움이 있다. 따라서 학생들이 제1성과 제4성을 자신의 평소 말 높이보다 높은 음에서 시작할 수 있도록 지도한다.

경성

제1성 + 경성

제2성 + 경성

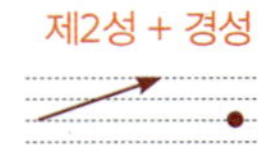

제3성 + 경성

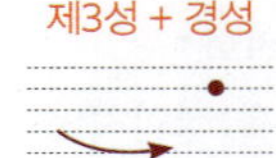

제4성 + 경성

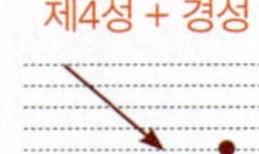

경성은 가볍고 짧게 발음한다. 경성의 높이는 앞 음절의 성조에 따라 높낮이가 달라지며, 성조는 표기하지 않는다.

예 妈妈 māma | 爷爷 yéye | 奶奶 nǎinai | 妹妹 mèimei

3. 성조의 변화

성조 변화란 이웃하는 음절이 서로에게 영향을 주어 성조가 변하는 것을 말한다.

① 제3성의 성조 변화

제3성이 연이어 나올 때 앞의 제3성은 제2성으로 읽는다. 그러나 표기상에는 변화가 없다.

예 水果 shuǐguǒ | 很好 hěn hǎo | 表演 biǎoyǎn | 管理 guǎnlǐ | 你好 nǐ hǎo

제3성 뒤에 제1성, 제2성, 제4성, 경성이 오게 되면 앞의 제3성은 반3성으로 읽는다. 반3성이란 제3성의 낮게 떨어지는 앞부분까지만 발음하고 올라가는 뒷부분은 발음하지 않는 것을 말한다.

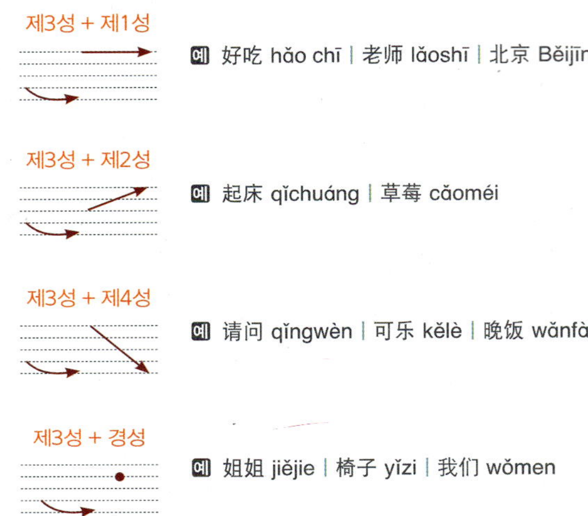

제3성 + 제1성 예 好吃 hǎo chī | 老师 lǎoshī | 北京 Běijīng

제3성 + 제2성 예 起床 qǐchuáng | 草莓 cǎoméi

제3성 + 제4성 예 请问 qǐngwèn | 可乐 kělè | 晚饭 wǎnfàn

제3성 + 경성 예 姐姐 jiějie | 椅子 yǐzi | 我们 wǒmen

② '不'의 성조 변화

'不'는 본래 제4성이지만, '不' 뒤에 제4성이 오면, '不'를 제2성으로 읽는다. 이때는 '不'를 원래의 성조로 표기하지 않고 제2성으로 표기한다.

예 不是 bú shì | 不去 bú qù | 不做 bú zuò

③ '一'의 성조 변화

'一'는 본래 제1성이지만, '一' 뒤에 제1성, 제2성, 제3성이 오면 '一'의 성조는 제4성으로 변하고, '一' 뒤에 제4성 또는 경성이 오면 '一'의 성조는 제2성이 된다. 그러나 단독으로 쓰이거나 서수로 쓰이게 되면 성조가 변하지 않는다.

一 + 제1성, 제2성, 제3성

예 一千 yì qiān | 一直 yìzhí | 一起 yìqǐ

一 + 제4성, 경성

예 一块 yí kuài | 一个 yí ge

★ 个는 원래는 제4성이지만 양사일 때는 경성으로 읽는다.

一 + 단독, 서수

예 一 yī | 一月 yī yuè

보충

성조 표기법

하나의 음절에 운모가 하나일 경우, 성조 부호는 그 운모 위에 표기한다. 하지만 두 개 이상의 운모로 이루어진 음절의 경우, 운모를 표기하는 순서가 있는데 그 순서는 다음과 같다. 일반적으로 한 음절에서 가장 길고 크게 발음하는 운모에 표기한다.

a > o/e > i/u/ü

한편 'i'와 'u'가 함께 나오면 뒤에 나오는 운모에 성조를 표기한다.

예 丢 diū | 六 liù | 贵 guì | 对 duì

이 밖에도 모음 'i' 위에 성조를 표기하는 경우 'i' 위의 점은 생략한다.

예 米 mǐ | 你 nǐ | 轻 qīng

마무리하기

1. 학습 내용 정리

전체적으로 발음 연습 부분을 함께 읽으며 학습 내용을 정리하고, 발음 시 유의 사항 혹은 학생들이 어려워하는 부분을 다시 한번 강조한다.

2. 과제 부여

① 오늘 학습한 네 개의 성조와 경성을 연습해 오게 한다.

② 운모와 성모를 배울 것을 예고한다.

2차시 12~15쪽

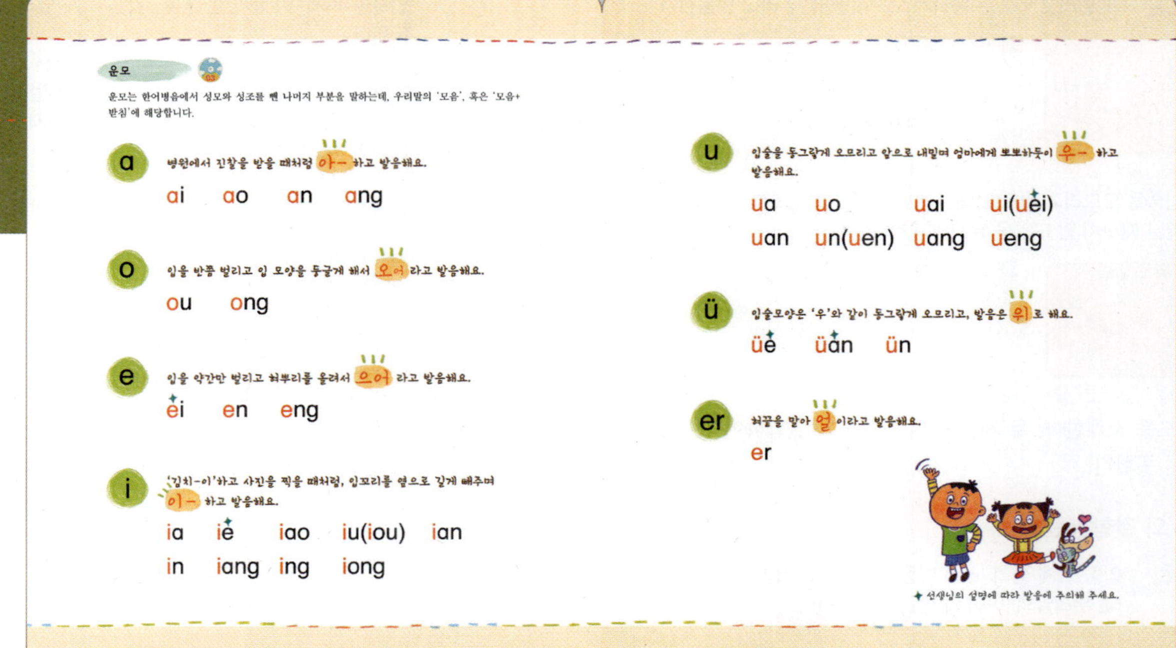
운모

운모는 한어병음에서 성모와 성조를 뺀 나머지 부분을 말하는데, 우리말의 '모음', 혹은 '모음+받침'에 해당합니다.

a 병원에서 진찰을 받을 때처럼 아- 하고 발음해요.

ai ao an ang

o 입을 반쯤 벌리고 입 모양을 둥글게 해서 오어 라고 발음해요.

ou ong

e 입을 약간만 벌리고 혀뿌리를 올려서 으어 라고 발음해요.

ei en eng

i '김치-이'하고 사진을 찍을 때처럼, 입꼬리를 옆으로 길게 빼주며 이- 하고 발음해요.

ia ie iao iu(iou) ian

in iang ing iong

u 입술을 동그랗게 오므리고 앞으로 내밀며 엄마에게 뽀뽀하듯이 우- 하고 발음해요.

ua uo uai ui(uei)

uan un(uen) uang ueng

ü 입술모양은 '우'와 같이 동그랗게 오므리고, 발음은 위로 해요.

üe üan ün

er 혀끝을 말아 얼이라고 발음해요.

er

✦ 선생님의 설명에 따라 발음에 주의해 주세요.

학습 목표

- 단운모와 복운모를 정확하게 발음할 수 있다.
- 성모를 정확하게 발음할 수 있다.

수업 준비물

교재, 음성 자료

들어가기

1. 지난 시간 복습
   ① 과제를 확인한다.
   ② 중국어, 한어, 보통화의 개념을 제대로 이해했는지 확인한다.
   ③ 네 개 성조의 각각의 차이점과 특징에 대해 설명할 수 있는지 확인한다.

2. 새로 배울 내용 소개
   ① 학습 목표를 소개한다.
   ② 운모와 성모가 각각 무엇인지 유추해 보게 한다.

펼치기

1. 운모
   ① 운모가 무엇인지 먼저 설명한 후, 단운모에 대해 설명한다.

◆ 운모란 우리말의 모음과 같은 것으로, 중국어 음절에서 성모를 제외한 나머지 부분을 말한다. 운모는 발음 부위와 방법에 따라 나눌 수 있는데, 이중 단운모는 운모 중 가장 기본이 되는 발음을 말한다. 발음할 때 처음부터 끝까지 입모양과 혀의 위치가 변하지 않는 것으로, 7개의 단운모가 있다.

a 혀의 위치는 아주 낮게 하고 입을 크게 벌리면서 '아'하고 발음한다.

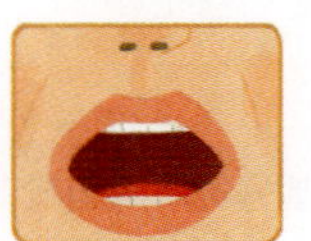

예 ā | á | ǎ | à

o 입은 반쯤 벌리고 입 모양을 둥글게하여 '오'와 '어'의 중간 음을 낸다.

예 ō | ó | ǒ | ò

e 입은 반쯤 벌리고 혀의 위치는 중간 정도의 높이에서 '으어'하고 발음한다. '으'의 입 모양으로 시작하여 '어'를 붙여 길게 발음한다.

예 ē | é | ě | è

i 우리말 '이'와 비슷하지만, '이'보다 입을 양 옆으로 조금 더 벌리며 발음한다.

예 ī | í | ǐ | ì

★ 'i' 위에 성조를 표기할 때는 'i' 위의 점은 생략한다.

u 입을 작게 벌리고 입술은 둥글게 오므리면서 '우'라고 발음한다.

예 ū | ú | ǔ | ù

ü 입술을 오므리고 앞으로 내밀면서 '위'라고 발음한다. 이때 발음이 끝날 때까지 입 모양을 유지해야 한다.

예 ǖ | ǘ | ǚ | ǜ

② 복운모를 소개한다. 두 개 이상의 단운모가 결합하여 만들어진 운모를 뜻한다.

▶ 'a'와 결합한 운모

ai 입을 크게 벌려 'a'를 발음한 후, 짧고 가볍게 'i'를 발음한다. 우리말의 '아이'와 발음이 비슷하다.

ao 입을 크게 벌려 'a'를 발음한 후, 짧고 가볍게 'o'를 발음한다. 우리말의 '아오'와 발음이 비슷하다.

an 입을 크게 벌려 'an'이라고 발음하되, 우리말의 '안'보다는 입을 더 크게 벌린다.

ang 입을 크게 벌려 'ang'이라고 발음하되, 우리말의 '앙'보다는 입을 더 크게 벌린다.

▶ 'o'와 결합한 운모

ou 입을 크고 둥글게 벌려 'o'를 발음하고 가볍게 'u'를 발음한다. 우리말의 '오우'와 발음이 비슷하다.

ong 입술은 '오' 모양을 유지한 채로 '옹'을 발음한다.

▶ 'e'와 결합한 운모

ei 입을 약간 벌려 'e'를 발음한 후, 짧고 가볍게 'i'를 발음한다. 우리말의 '에이'와 발음이 비슷하다. 'e'를 보통 '으어'로 발음하지만 'i'와 결합할 때는 '으어'가 아닌 '에'로 발음함을 지도한다.

en 먼저 'e'를 발음하다가 콧소리인 'n'을 붙이다. 우리말의 '언'보다 입을 조금 더 작게 벌린다.

eng 먼저 'e'를 발음하다가 콧소리인 'ng'을 붙인다. 우리말의 '엉'보다 입을 조금 더 작게 벌린다.

er 먼저 'e'를 발음하다가 혀끝을 입천장으로 약간 말아 올리면서 우리말의 '얼'과 같이 발음한다. 이때 혀끝은 입천장에 닿지 않도록 주의한다.

▶ 'i'와 결합한 운모

ia '이'를 발음한 후, 입을 크게 벌려 '아'를 발음한다.

ie 입술을 펴서 '이'를 발음한 후, 입을 크게 벌려 '에'를 발음한다.

iao 입술을 펴서 '이'를 발음한 후, 입을 크게 벌려 '아오'를 발음한다. 이때 학생들이 '야오'라고 발음하지 않도록 유의하여 지도한다.

iou 입술을 펴서 '이'를 발음한 후 '오우'를 발음한다.

ian 입술을 펴서 '이'를 발음한 후, '엔'을 발음한다. 'an'은 '안'으로 발음하지만 'i'와 결합하면 '이안'이 아닌 '이엔'으로 발음함을 지도한다.

in 입술을 펴서 '인'이라고 발음한다.

iang 입술을 펴서 '이'를 발음한 후, '앙'을 발음한다.

ing 입술을 펴서 '이'를 발 음한 후, 입술의 긴장을 풀면서 '엉'을 발음한다. 우리말의 '잉'과 비슷하나, '이엉'으로 들릴 수 있다.

iong '이'를 발음한 다음 '용(융)'을 발음한다.

▶ 'u'와 결합한 운모

ua 입술을 둥글고 작게 오므려 '우'를 발음하고 연이어 '아'를 발음한다.

uo 입술을 둥글고 작게 오므려 '우'를 발음하고 연이어 '오'를 발음한다.

uai 입술을 둥글고 작게 오므려 '우'를 발음하고 연이어 '아이'를 발음한다.

uei 입술을 둥글고 작게 오므려 '우'를 발음하고 연이어 '에이'를 발음한다.

uan 입술을 오므린 상태에서 '우'를 발음한 후 '안'을 발음한다.

uen 입술을 오므린 상태에서 '우'를 발음한 후, '언'을 발음한다.

uang 입술을 오므린 상태에서 '우'를 발음한 후, '앙'을 발음한다.

ueng 입술을 오므린 상태에서 '우'를 발음한 후, '엉'을 발음한다.

▶ 'ü'와 결합한 운모

üe 입술을 오므리고 앞으로 내밀면서 '위'라고 발음한 후, '에'를 발음한다.

üan 입술을 오므리고 앞으로 내밀면서 '위'라고 발음한 후, '엔'을 발음한다. 'an'을 '안'이 아닌 '엔'으로 발음함을 주의하도록 지도한다.

ün 입술을 오므려 '윈'이라고 발음하되, 끝까지 입술을 펴지 말고 둥글게 유지하도록 주의하여 지도한다.

③ 녹음을 들려 주고 따라 읽는다.

④ 발음 연습을 반복하고 앉은 순서 또는 번호 순서대로 호명하여 운모를 읽어 보게 한다.

2. 성모

① 성모에 대해 설명한다.

◆ 성모란 중국어 음절 첫 부분에 오는 자음을 일컫는다. 중국어 표준어에는 22개의 성모가 있다. 이 중 21개는 자음 성모이고 나머지 한 개는 영성모(零声母)이다. 또한 성모는 발음 위치에 따라 쌍순음, 순치음, 설첨음, 설근음, 설면음, 설치음, 권설음 등 7가지로 분류할 수 있다.

보충

영성모

중국어 음절 중에는 성모 없이 운모만으로 발음을 표기하는 경우가 있는데, 이를 영성모라고 한다.

예 è(饿) | ān(安) | ài(爱)

▶ **쌍순음(双唇音, 입술 소리)** : b, p, m

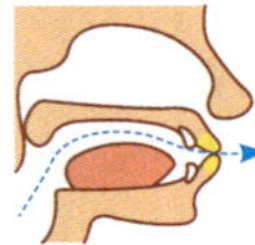

아랫입술을 윗입술에 붙였다 떼면서 내는 소리이다.

b 위 아래 입술을 가볍게 붙였다 떼면서, 숨을 내쉬며 발음한다.

p 강한 압력으로 입술을 붙였다 떼면서 숨을 내쉬며 발음한다.

m 코로 공기를 내뿜으며 위아래 입술을 가볍게 떼면서 숨을 내쉬며 발음한다.

예 伯伯 bóbo | 婆婆 pópo | 墨镜 mòjìng

▶ **순치음(唇齿音, 이와 입술 소리)** : f

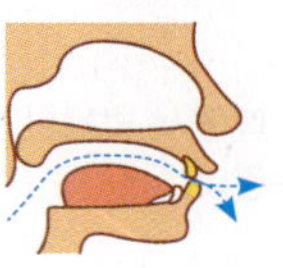

아랫입술을 윗니와 닿을 듯 말 듯 접근시켜서 내는 소리이다.

f 윗니를 아랫입술에 살짝 대고, 그 틈으로 숨을 내쉬며 발음한다.

예 佛爷 fóye

▶ **설첨음(舌尖音, 혀끝 소리)** : d, t, n, l

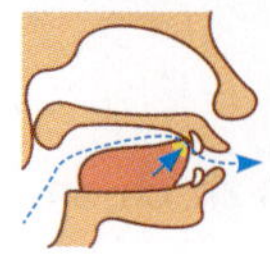

혀끝이 윗잇몸과 접촉하면서 나는 소리이다.

d 혀끝을 윗잇몸에서 가볍게 떼면서 발음한다.

t 강한 압력으로 혀끝을 윗잇몸에서 떼면서 발음한다.

n 코로 공기를 내뿜으며 윗잇몸에서 가볍게 떼면서 발음한다.

l 혀끝을 세워서 윗잇몸에 붙이고, 공기를 혀의 측면으로 빠지게 하면서 발음한다.

예 地铁 dìtiě | 你呢 nǐ ne | 来 lái

▶ **설근음(舌根音, 혀뿌리 소리)** : g, k, h

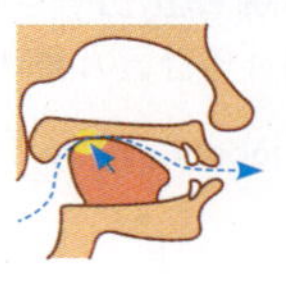

혓몸이 입천장과 접촉하거나 접근하여 내는 소리이다.

g 혀뿌리를 입천장에서 가볍게 떼면서 발음한다.

k 강한 압력으로 혀뿌리를 입천장에서 떼면서 발음한다.

h 혀뿌리를 입천장 가까이에 대고 그 틈으로 공기를 마찰시켜 발음한다.

예 哥哥 gēge | 可乐 kělè | 喝 hē

▶ **설면음(舌面音, 혓바닥 소리) : j, q, x**

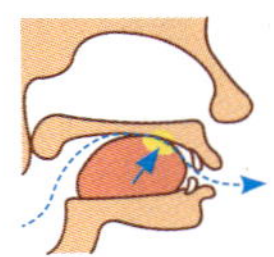

혓바닥 면을 위로 올려 입천장 부근에서 공기를 마찰시켜 내는 소리이다.

j 혀의 앞면을 입천장에서 가볍게 떼면서 발음한다.

q 강한 압력으로 혀의 앞면을 입천장에서 약간 떼면서 발음한다.

x 혀의 앞면을 입천장 가까이에 대고 그 틈으로 공기를 마찰시켜 발음한다.

예 鸡蛋 jīdàn | 气球 qìqiú | 洗脸 xǐliǎn

▶ **설치음(舌齿音, 이 뒤 혀끝 소리): z, c, s**

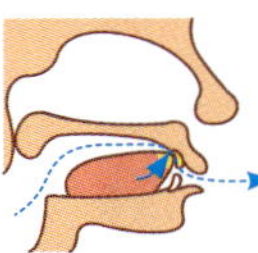

혀끝을 윗니 부근에 가볍게 대고 살짝 떼며 공기를 마찰시켜 내는 소리이다.

z 혀끝을 윗니 뒤쪽에서 가볍게 약간 떼면서 발음한다. 우리말 'ㅉ'보다 혀끝을 좀 더 앞쪽으로 이동한다.

c 강한 압력으로 혀끝을 윗니 뒤쪽에서 약간 떼면서 발음한다. 우리말 'ㅊ'을 발음할 때보다 혀끝을 좀 더 앞쪽으로 이동한다.

s 혀끝을 윗니 뒤쪽에 가까이 대고, 그 틈으로 공기를 마찰시켜 발음한다. 우리말의 'ㅆ'을 발음할 때보다 혀끝을 좀 더 앞쪽으로 이동한다.

예 自己 zìjǐ | 擦 cā | 四 sì

▶ **권설음(卷舌音, 혀 들어 올린 소리) : zh, ch, sh, r**

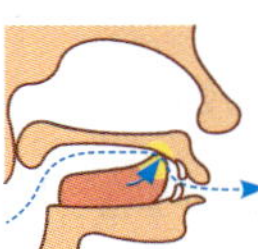

혀끝을 입천장 쪽으로 말아 올려 그 사이로 공기를 내보내면서 내는 소리이다.

zh 혀를 살짝 들어 올려 입천장 쪽으로 밀면서 턱이 약간 앞으로 나가는 느낌으로 발음한다.

ch 강한 압력으로 혀끝을 입천장에서 약간 떼면서 발음한다.

sh 혀끝을 위로 들어 올려 입천장에 가까이 대고, 그 틈으로 공기를 마찰시켜 발음한다.

r 혀끝을 위로 들어 올려 입천장 가까이에 대고, 그 틈으로 공기를 마찰시켜 성대를 울리며 발음한다. 혀가 약간 들어 올려진다.

예 知道 zhīdào | 吃饭 chīfàn | 老师 lǎoshī | 热 rè

지도 tip

권설음은 우리말에는 없는 발음으로 학생들이 발음하기 매우 어려워한다. 이때는 권설음에 가장 가깝다고 할 수 있는 우리말의 발음 '빨', '딸', '깔', '쌀' 등의 된소리 발음을 해 보도록 한 상태에서 권설음을 내 보도록 한다. 권설음을 발음할 때의 혀의 위치와 가장 유사한 곳이므로 쉽게 지도할 수 있다.

② 뽀포모포 song을 들려 주고 따라 부르게 한다.
③ 뽀포모포 song 중에서 발음 상 유의해야 할 부분에 대해 설명한다.
④ 발음을 반복하여 연습하게 한 후, 분단별로 학생들을 호명하여 뽀포모포 song을 불러 보게 한다.

보충

손바닥을 입 가까이에 대고 설치음을 발음해 보면서 입 밖으로 나오는 공기의 세기가 조금씩 차이가 있음을 직접 느끼도록 지도한다. 또한 권설음과 서로 비교하며 발음해 보고 차이점을 확실하게 인지할 수 있도록 지도한다.

zi - ci - si | zhi - chi - shi
zao - cao - sao | zhao - chao - shao

3. 성모와 운모의 결합

① 성모와 운모를 복습한다.
성모란 한어병음의 첫머리에 오는 자음을 말하며, 운모란 음절에서 성모를 제외한 나머지 부분을 말한다.
② 녹음을 들려 주고 따라 읽게 한다.
③ 학생들이 교재의 음절을 정확하게 읽을 수 있도록 한다.
④ 학생들이 교재의 음절을 정확하게 읽을 수 있다면, 좀 더 다양한 음절을 연습하게 한다.

예 猫 māo | 白 bái | 拉 lā

참고사이트

http://www.56.com/u80/v_NTI3MTIxOTM.html
→ 한어병음을 익힐 수 있다.

마무리하기

1. 학습 내용 정리

전체적으로 발음 연습 부분을 함께 읽으며 학습 내용을 정리하고, 발음 시 유의해야 할 사항 혹은 학생들이 어려워하는 부분을 다시 한번 강조한다.

2. 과제 부여

① 오늘 학습한 단운모와 복운모를 연습해 오게 한다.
② 만났을 때와 헤어질 때 하는 인사말을 배울 것을 예고한다.

1 你好! 안녕!

단원 소개 및 학습 내용

중국어를 배워야 하는 이유에 대해 생각해 보고 기본적인 중국어 인사 표현을 익힌다. 만났을 때 하는 인사와 헤어질 때 하는 인사를 익히고, 더 나아가 대상과 시간에 따라 달라질 수 있는 인사 표현을 다양하게 배운다. 이 밖에도 감사 표현과 사과 표현을 익힐 수 있다.

단원 학습 목표

1. 운모 'a ai ao an ang'과 관련된 발음을 정확하게 할 수 있다.
2. 만났을 때의 인사를 중국어로 표현할 수 있다.
3. 헤어질 때의 인사를 중국어로 표현할 수 있다.
4. 제3성의 성조 변화와 경성을 익힐 수 있다.

단원 지도 계획

차시	교재 범위	학습 단계	학습 내용
1	16~19쪽	문화	14억 명과 인사할 수 있는 말, 니하오!
		발음	운모 'a ai ao an ang'과 성모 'b p m f'
		새 단어	본문 새 단어 학습 쓰기 연습(你, 好)
2	20~21쪽	회화	만났을 때 하는 인사
			헤어질 때 하는 인사
3	22~23쪽	교체 연습	만났을 때 하는 인사(대상별/시간별) 헤어질 때 하는 인사(시간별)
		연습 문제	발음 및 본문 내용 관련 문제 풀기
4	24~25쪽	확장 연습	감사와 사과의 표현
		활동	노래로 배워요: 친구야 고마워

1차시

16~19쪽

학습 목표

- 중국어 사용 인구에 대해 알고, 중국어 학습의 필요성을 인식할 수 있다.
- 운모 'a ai ao an ang'과 성모 'b p m f'를 결합하여 발음할 수 있다.
- 새 단어의 발음과 뜻을 익히고, 획순에 맞게 쓸 수 있다.

수업 준비물

교재, 멀티 CD, 단어 카드 또는 구강 단면도

들어가기

1. 지난 시간 복습

① 중국어의 기본적인 특징과 발음에 대해 간단히 확인한다.

② 예비 단원에서 익혔던 중국어 학습과 관련된 개괄적인 내용에 대해 이야기를 나눈다.

2. 새로 배울 내용 소개

① 그림과 문화 내용을 살펴보면서 이번 단원에서 배울 내용이 무엇인지 유추해 보게 한다.

◆ 지구 위에 각각의 나라를 상징하는 전통 복장을 입은 사람들이 있고, 다양한 국적의 사람들이 '니하오', '짜이찌엔'이라고 중국어로 인사하고 있다. 중국은 인구 수 세계 1위를 차지하고 있으므로, 전 세계 인구 중에서 중국어를 쓰는 인구가 많다는 것을 간접적으로 묘사하고 있음을 유추할 수 있다.

② 새로운 내용을 학습하기에 앞서 가볍게 발음 연습을 하고, 새로운 단어를 익혀 보는 시간임을 알려 준다.

펼치기

- 문화 소개 : 중국어 사용 인구

① 중국과 관련된 핵심어를 칠판에 적는다.

◆ 예 14억 | 56 | 간체자 | 5,000만 | 단일민족 | 번체자

각 핵심어가 무엇을 뜻하는지 질문하고, 학생들이 자유롭게 발표할 수 있도록 유도한다. 한·중 비교를 통해 관련 내용을 설명하고, 설명에 해당하는 핵심어를 지워 나간다. 예를 들어, 우리나라(남한)의 인구는 약 5천만 명이지만, 중국의 인구는 14억 명에 육박하며, 단일민족인 우리나라와는 달리 중국은 56개의 다양한 민족이 함께 어우러져 있는 다민족 국가임을 설명한다. 이 밖에도 우리나라에서 쓰는 한자는 번체자이지만 중국 본토에서 쓰는 한자는 본래의 복잡한 한자 점획을 간단하게 변형시켜 만든 간체자임을 알려 준다. 칠판의 핵심어가 모두 사라지면 질문을 통해 학생들이 내용을 이해하고 있는지 확인해 본다.

보충

2013년 기준 중국의 인구는 13억 5,404만 명(대만, 홍콩, 마카오 제외)으로 인구 수 세계 1위를 기록하고 있으며, 우리나라는 약 4,900만 명(48,955,203명)으로 인구 수 세계 25위로 집계되고 있다.

외교부 홈페이지 www.mofa.go.kr 참고

지도 tip

어린 연령의 학습자를 대상으로 진행하는 중국어 수업에서 이야기처럼 들려 주는 한·중 비교 혹은 중국 문화는 단순히 흥미를 부여할 뿐 아니라 상호 이해를 바탕으로 한 의사소통의 도구로서 중국어가 제 역할을 발휘할 수 있게 하는 밑거름이 되는 중요한 부분이다.

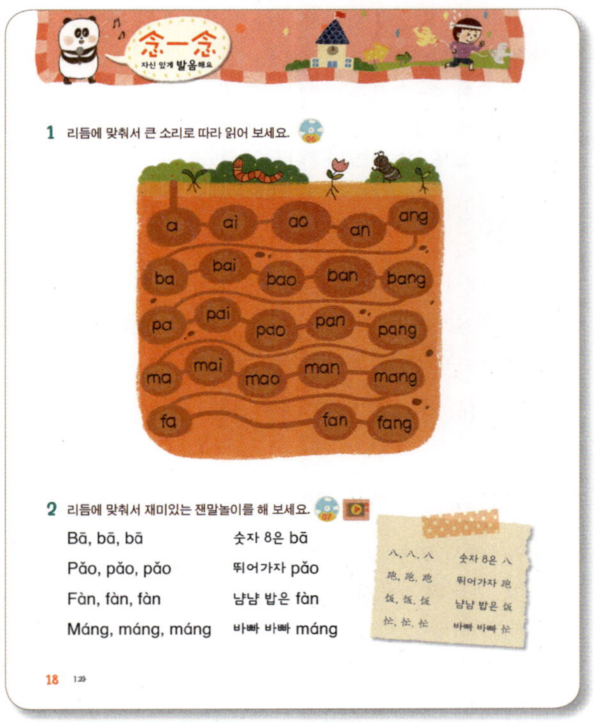

② 본문의 문화 내용을 함께 읽어 본다.

③ 이번 과에서 배우는 내용과 연관이 있음을 언급하고 수업을 시작한다.

念一念 자신있게 발음해요

1. 발음 연습

① 녹음을 들려 주고 따라 읽게 한다.

② 쉽게 틀리는 발음이 무엇인지 파악하고 교정해 준다.

◆ 운모 'a ai ao an ang'과 성모 'b p m f'를 결합하여 읽을 경우, 교재에서 제시한 것처럼 성모 'b p m f'를 중심으로 운모가 바뀌게 하여 연습할 수도 있고, 성모가 바뀌게 운모 'a ai ao an ang'을 기준으로 연습할 수도 있다.

예 a ba pa ma fa / ai bai pai mai / ao bao pao mao / an ban pan man fan / ang bang pang mang fang

성모와 운모의 발음이 익숙해 졌다면 성조를 바꿔 가며 다양하게 연습해 볼 수도 있다.

③ 우리말에 없는 발음 또는 영어와 표기는 같지만 발음이 다른 경우는 특히 주의하여 집중적으로 연습할 수 있도록 한다.

지도 tip

'fai(f+ai)', 'fao(f+ao)'와 같이 결합되지 않는 성모와 운모에 대해 질문하는 학생이 있을 수 있다. 성모와 운모의 결합이 익숙하지 않은 단계이므로 모든 성모와 운모가 결합되는 것은 아님을 설명하고, 교재에서 다루고 있는 발음을 충분히 숙지할 수 있도록 지도한다.

2. 잰말놀이

우리말의 '간장 공장 공장장은 강 공장장이고 된장 공장 공장장은 장 공장장이다'처럼 연이어 발음하기 어려운 말을 연이어 하는 '잰말놀이'를 중국어로는 '绕口令(ràokǒulìng)'이라고 한다. 이를 통해 중국어 발음을 꾸준히 연습하다 보면, 점차 발음이 좋아짐을 느낄 수 있을 것이다.

① 리듬에 맞춰 가볍게 따라 읽게 한다.

② 부정확하거나 쉽게 틀리는 발음이 무엇인지 파악하고 교정한다.

③ 연습 정도에 따라 속도를 조절하여 능숙하게 발음할 수 있도록 지도한다.

④ 간단한 동작이나 율동을 통해서 잰말놀이에 포함된 단어의 뜻을 기억하도록 지도할 수 있다. 그러나 문법이나 단어 학습에 비중을 두기보다는 학습자가 정확한 중국어 발음을 자연스럽게 익힐 수 있도록 지도한다.

◆ 지도의 예

八 엄지와 검지로 중국 손 숫자 모양 8을 만든다.

跑 달려가는 동작을 한다.

饭 왼손으로 밥그릇 모양을 하고, 오른손으로 밥을 먹는 동작을 한다.

忙 땀을 닦는 동작을 하여 바쁨을 표현한다.

⑤ 큰 소리로 발음하면서 동작을 함께 해 본다.

⑥ 익숙해지면 속도에 변화를 주면서 연습해 볼 수 있다.

지도 tip

다양한 감각 기관을 활용한 기억 전략은 학습자의 연상 작용을 극대화하여 기억 구조 내에 자리한 지식을 불러오는 재인 과정에서 높은 효과를 보인다. 따라서 단어를 외울 때 한 가지 방법만을 사용하기보다는 큰 소리로 크게 읽는 동시에 몸동작으로 표현한다거나, 크게 읽고 연습장에 단어를 적어 보면서 눈으로 보는 등 되도록 두 가지 이상의 감각 기관을 자극하는 통합적인 방식을 활용할 수 있도록 지도한다.

学生词 새 단어를 배워봐요

1 새 단어를 큰 소리로 따라 읽어 보세요.

你 nǐ 너, 당신
好 hǎo 안녕하다, 좋다
你们 nǐmen 너희들
老师 lǎoshī 선생님
再见 zàijiàn 안녕, 잘 가
明天 míngtiān 내일
见 jiàn 만나다, 보다

2 획순에 주의하여 올바르게 한자를 써 보세요.

你 nǐ 너, 당신
好 hǎo 안녕하다, 좋다

你好! 19

④ 학생이 칠판 앞으로 나와서 교사가 지정해 준 한자를 획순에 맞게 써 보고 발음해 보도록 한다.

◆ 학생들의 주의를 집중시키고자 할 때, 인터넷 획순 사이트를 활용하여 학생들과 함께 한자의 획순을 익힐 수 있다. 인터넷 사용 환경이 여의치 않을 경우에는 PPT나 단어 카드를 활용할 수 있다.

你 부수 亻 총 7획

- 왼쪽에서 오른쪽으로 쓴다.
- '小'와 같이 대칭이 되는 글자는 가운데 획을 먼저 쓰고, 왼쪽(삐침), 오른쪽(파임) 순으로 쓴다.

好 부수 女 총 6획

- 왼쪽에서 오른쪽으로 쓴다.
- '女', '子'의 가로지르는 획(가로획)은 각 글자의 마지막 획으로 쓴다.
- 두 글자가 가로로 합해져서 한 글자가 된 경우이므로 크기가 비슷해야 한다.

学生词 새 단어를 배워봐요

1. 어휘 학습

① 녹음을 듣고 큰 소리로 따라 읽게 한다.

② 단어의 의미와 주의해야 할 발음을 설명한다.

你 nǐ 너, 당신

好 hǎo ① 안녕하다, (몸이) 건강하다 ② 좋다, 훌륭하다
'你好'는 하루 중의 어느 때를 막론하고 사람을 만났을 때 쓸 수 있는 인사말이다.

你们 nǐmen 너희들
'你们'의 '们'은 가볍고 짧게 발음하는 경성이다.
예 我们 wǒmen | 他们 tāmen | 咱们 zánmen

老师 lǎoshī 선생님
'老师'의 '老'에는 '늙다', '오래되다'라는 의미 외에도 '경험이 풍부하고 노련하다'의 의미가 있으며, '존경'의 의미 또한 담고 있다.

再见 zàijiàn 안녕, 잘 가(헤어질 때 하는 인사말)

明天 míngtiān 내일

见 jiàn ① 만나다, 마주치다 ② 보(이)다.

③ 녹음을 다시 듣고 따라 읽게 한다.

2. 쓰기 연습

① 교사는 중요 단어를 칠판에 쓰면서 획순을 알려 준다.

② 획순에 주의하여 학생 스스로 써 보도록 한다.

③ 학생들이 잘못 쓰는 글자를 다시 한 번 짚어 준다.

지도 tip

어린 학습자들이 중국어를 어렵다고 느끼는 대표적인 이유 중 하나로 '한자 쓰기'를 꼽는다. 따라서 한자를 설명하고 쓰기를 지도할 때 어떤 방식으로 접근할지에 대한 교사의 고민은 단순히 쓰기 영역에 국한되지 않는다. 교사의 이러한 고민은 학습자에게 중국어에 대한 심리적 부담감을 줄여 주는 최선책을 모색하기 위한 필수적인 과정이라고 볼 수 있다.

참고 사이트

http://www.yes-chinese.com/tzg/
→ 획순이 포함된 쓰기 활동지를 만들 수 있다.

http://www.yes-chinese.com/card/
→ 학습 내용에 따라 한자 카드를 만들 수 있다.

http://www.shuifeng.net/Dic/html/index141.htm
→ 간체자 획순을 확인할 수 있다.

마무리하기

1. 학습 내용 정리

수업 내용에 관한 질문을 통해 학생들의 이해도를 점검한다. 학생들이 특히 어려워하는 부분이 어디인지 확인하고, 다시 한 번 짚고 넘어간다.

2. 과제 부여

① 본서 18쪽의 '발음 연습'과 '잰말놀이'를 큰 소리로 읽는 연습을 해 오도록 한다.

② 학습한 단어의 뜻과 한어병음이 익숙해질 수 있도록 멀티 CD(TRACK 08)를 반복해서 듣고 오게 한다.

학습 목표

- 만났을 때의 인사를 중국어로 표현할 수 있다.
- 헤어질 때의 인사를 중국어로 표현할 수 있다.

수업 준비물

교재, 멀티 CD

들어가기

1. 지난 시간 복습
   ① 과제를 확인한다.
   ② 그림 자료나 PPT 등의 시각 자료를 활용하여 지난 차시에 다룬 문화 관련 내용을 확인한다.

2. 새로 배울 내용 소개
   ① 학습 목표를 소개한다.
   ② 본문의 그림을 보고 어떤 상황인지 유추해 보도록 한다.

펼치기

一起说 친구들과 **대화**해요

1. 단어 확인하기
   ① 단어 카드를 활용하여 지난 시간에 학습한 단어를 읽어 보게 한다. 멀티 CD의 단어 플래시를 활용하여 단어를 복습할 수도 있다.
   ② 교사가 중국어로 단어를 제시하면 학생들은 우리말로 그 단어의 뜻을 말한다.
   ③ 학생들이 단어의 뜻을 정확하게 이해했다면 교사는 학생들에게 우리말로 단어를 제시하고, 중국어로 대답해 보게 한다.

2. 녹음 듣고 문장 연습하기
   ① 녹음을 들려 주고 따라 읽게 한다.
   ② 문장 단위로 따라 읽게 하고 해석한다.

본문 해석

老师	你们好! 여러분, 안녕하세요!
大卫, 丽丽	老师好! 선생님, 안녕하세요!

본문 해석

东海	你好! 안녕!
惠敏	你好! 안녕!
学生1	再见! 잘 가!
学生2	明天见! 내일 봐!

보충

你好! VS 你好吗?

'你好吗?(잘 지내세요?)'는 원래 알고 있던 사람에게 안부를 물을 때 사용하는 표현이다. 따라서 광범위하게 사용되는 '你好!'와는 달리 처음 만난 사이에서는 '你好吗?'를 쓰지 않는다. 처음 만난 중국인에게 '你好吗?'라고 인사하면 상대방이 다소 어리둥절해할 수 있으니, '你好!'와 '你好吗?'의 차이를 확실히 알아야 한다.
일반적으로 '你好吗?'에 대한 대답으로는 '我很好。(저는 잘 지내요.)', '还可以。(그런대로 괜찮아요.)', '不太好。(별로 좋지 않아요.)' 등이 있다.

예 A: 你好! Nǐ hǎo! 안녕!
B: 你好! Nǐ hǎo! 안녕!

A：你好吗? Nǐ hǎo ma? 잘 지내니?
B：我很好。Wǒ hěn hǎo. 저는 잘 지내요.

再见! VS 明天见!

再见 또 봐, 안녕히 계세요, 안녕히 가세요
'再'는 '재차', '다시'라는 뜻이고, '见'은 '만나다'라는 뜻으로서 '또 다시 만나자'라는 표현이다.

明天见 내일 봐
'明天'은 '내일', '见'은 '만나다'라는 뜻으로, '见' 앞에 구체적인 시간이나 요일 등을 붙여서도 인사 표현을 할 수 있다. '见' 앞에 '明天' 대신 '后天', '大后天', '下星期' 등을 넣어, '모레 보자', '글피에 보자', '다음 주에 보자'라고 표현할 수 있다.

③ 교재의 문장을 정확한 발음으로 읽어 보도록 한다.

◆ 본문의 읽기 지도 시, 특히 제3성의 성조 변화에 유의하여 지도한다. '你好(Nǐ hǎo)'와 같이 제3성이 두 번 연속될 경우 앞의 제3성을 제2성으로 읽어야 하지만 한어병음은 그대로 제3성으로 표기해야 함을 알려 준다. 제3성의 성조 변화가 자연스럽게 이루어지기 위해서는 충분한 연습이 꾸준히 진행되어야 한다. 저학년에게 성조 변화의 규칙에 대해서 자세하게 설명하기보다는 교사의 발음을 많이 듣고 따라 하게 함으로써 발음 자체에 익숙해지도록 지도하는 것이 바람직하다.

예 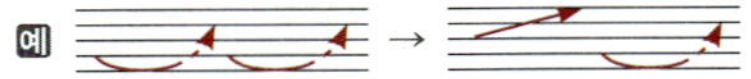

老虎 lǎohǔ | 可以 kěyǐ | 洗脸 xǐliǎn
雨伞 yǔsǎn | 水果 shuǐguǒ

④ 두 사람씩 짝을 지어 대화문을 연습해 보게 한다. 역할을 바꾸어 가면서 연습하도록 지도하여 반복적인 연습이 지루해지지 않도록 주의한다.

⑤ 간체자만 보고 본문을 읽는 연습을 한다.

지도 tip

중국어 학습 초기 단계부터 한어병음에 의존하지 않고 간체자를 눈으로 익혀서 보고 읽는 '认读' 연습의 중요성을 일깨워 주어야 한다. 이는 어린 학습자들에게 반드시 한자를 보고 읽을 수 있는 수준에 도달하기를 강요하려는 것이 아니다. '认读' 연습은 아이들에게 학습을 시작함과 동시에 한자 학습의 필요성을 자연스럽게 인지시켜 주면서 한어병음에 지나치게 의존하지 않고 한자를 보고 읽는 습관을 길러 주기 위함이다.

3. 문장 듣고 해석하기

교사가 읽어 주는 내용을 듣고 우리말로 해석하게 한다.

4. 해석 듣고 중국어 문장으로 말하기

① 실제 대화하는 것처럼 자연스럽게 말하도록 지도한다.
② 짝과 함께 회화 내용을 연습하고, 역할을 바꾸어 가며 연습하도록 지도한다.

지도 tip

말하기 능력을 향상시키기 위해 다음과 같은 방법을 활용할 수 있다.

1. 학습한 단어를 사용한 문장 활용 연습을 통해 중국어 유창성과 자신감을 높여 준다. 대화 상황을 연출하여 마치 연극을 하듯 조별 발표를 할 수 있다. 대부분의 학생들이 멀티미디어 매체에 익숙한데, 그 중에서도 가장 쉽게 사용할 수 있는 휴대전화 카메라로 학생들의 활동을 간단하게 촬영하여 자신의 중국어 발화 모습을 보여 주는 방법을 활용하면, 학생들의 적극적인 참여를 유도할 수 있을 뿐만 아니라 중국어 수업에 대한 기대감도 높여 줄 수 있다.
2. 본문 전체를 정확하게 외워서 학습 내용을 자연스럽게 말할 수 있는 능력을 기를 수도 있다. 다음과 같은 낱글자 카드를 활용하여 지도할 수도 있다.
   ① 교사가 낱글자 카드를 칠판에 붙이고, 아래에 한어병음을 적는다.
   • 낱글자 카드 예시(뒷면에 자석을 부착)

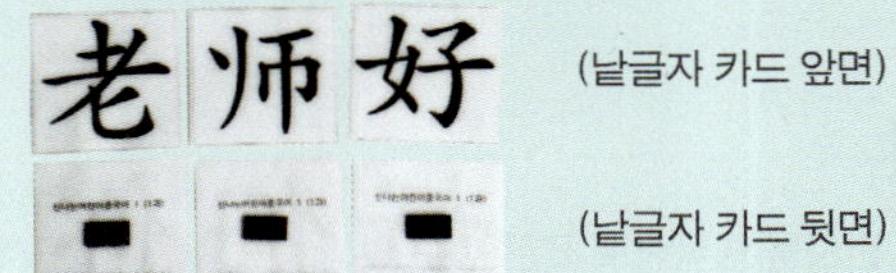

(낱글자 카드 앞면)

(낱글자 카드 뒷면)

   ② 처음부터 끝까지 큰 소리로 함께 읽는다.
   ③ 학생들이 유창하게 읽을 수 있는 한자의 한어병음은 칠판에서 지우고 전체 내용을 다시 한 번 큰 소리로 읽는다.
   ④ 위와 같은 방법을 반복하여 모든 한어병음을 지운 후, 낱글자 카드만을 보고 본문 내용을 읽는다.

   낱글자 카드 아래에 적힌 한어병음을 지울 때에는 교사 임의대로 하지 말고, 학생들 스스로 선택하여 지울 수 있게 해야 한다. 한어병음을 지우는 선택권을 학생에게 주면 교사는 학생들이 실제로 읽을 수 있는 단어의 수준을 제대로 파악할 수 있으며, 학생들은 자신들이 읽을 수 있다고 직접 인정한 한자만을 보고 읽기 때문에 심리적인 부담감을 줄여 줄 수 있다.

마무리하기

1. 학습 내용 정리

학습 내용을 다시 한 번 확인한다. 멀티 CD 회화 애니메이션의 자막을 변경해 가며 회화 내용을 확실히 익혔는지 확인해 볼 수 있다.

2. 과제 부여

① 본문을 세 번씩 큰 소리로 읽어 오게 한다.
② 가족들에게 중국어로 인사해 보도록 한다.

3차시 22~23쪽

学一学 차근차근 익혀봐요

'你好!'는 만났을 때 하는 인사말입니다. '好' 앞에 사람이나 시간을 나타내는 말을 붙일 수 있어요.

您好!
Nín hǎo!
안녕하세요!

大家 dàjiā 여러분　早上 zǎoshang 아침　晚上 wǎnshang 밤

* 您 nín 당신

'再见!'은 헤어질 때 하는 인사말입니다. '만나다'라는 뜻을 가진 '见' 앞에 시간을 나타내는 말을 붙일 수 있어요.

明天见!
Míngtiān jiàn!
내일 봐!

下午 xiàwǔ 오후　一会儿 yíhuìr 잠시 (후에), 곧

22 1과

학습 목표

- '好', '见'을 응용한 다양한 인사 표현을 말할 수 있다.
- 발음과 인사 표현에 관한 연습 문제를 풀 수 있다.

수업 준비물

교재, 음성 자료

들어가기

1. 지난 시간 복습
   ① 과제를 확인한다.
   ② 지난 차시 학습 내용을 확인한다.
   만났을 때 하는 인사, 헤어질 때 하는 인사 표현 등을 문답식으로 확인하거나, 상황에 맞는 그림 또는 PPT 자료를 활용하여 확인한다.

2. 새로 배울 내용 소개
   ① 학습 목표를 소개한다.
   ② 주제와 관련된 내용을 소개한다.
   중국어로 기본 인사말을 무작위로 들려 주고 어떤 뜻인지 맞춰 보게 할 수도 있다.

펼치기

学一学 차근차근 익혀봐요

1. 만났을 때 하는 인사
   ① 녹음을 듣고 정확한 발음으로 따라 읽도록 지도한다.
   ② 새 단어의 의미를 확인하고 문장으로 연습해 본다.
   ③ 제시된 문장을 교사와 학생이 번갈아 읽어 본다.

> 您好! 안녕하세요!(어른에게 하는 인사)
>
> 밑줄 친 부분을 바꿔서 말해 봐요!
> 大家好! 여러분, 안녕하세요!
> 早上好! 안녕!(아침에 하는 인사)
> 晚上好! 안녕!(저녁에 하는 인사)

보충

간단한 인사 표현

아침에는 '早上好!' 이외에도 '早!'나 '你早!', '您早!' 등으로 간단하게 인사할 수 있다. 저녁에는 '晚上好!'라고 인사할 수 있는데, 특히 자기 전에는 '잘 자.'라는 뜻을 가진 '晚安。'을 쓸 수 있다.

2. 헤어질 때 하는 인사
   ① 녹음을 듣고 정확한 발음으로 따라 읽도록 지도한다.
   ② 새 단어의 의미를 확인하고 문장으로 연습해 본다.
   ③ 제시된 문장을 교사와 학생이 번갈아 읽어 본다.

> 明天见! 내일 봐!
>
> 밑줄 친 부분을 바꿔서 말해봐요!
> 下午见! 오후에 봐!
> 一会儿见! 이따가 봐!

◆ '一会儿见!'은 '一'의 성조 변화와 '얼화(儿化)'음이 있어서 세심하게 지도해야 한다. 그러나 중국어 학습을 갓 시작한 학습자에게 부담을 줄 수 있으므로, '一会儿见!' 표현 자체를 마치 한 단어처럼 자연스럽게 연습할 수 있도록 유의하여 지도한다. 이 같은 성조 변화나 얼화음에 대한 별도의 설명은 학습자의 이해 수준을 감안하여 진행한다.

지도 tip

어린이를 대상으로 진행하는 중국어 수업의 모든 단계에서 교사는 학습자의 중국어 수준과 이해 능력을 감안하여 학습 내용 및 지도 방식을 선택해야 한다. 저학년 학습자에게 수업에서 다룬 모든 학습 내용을 이해시키려는 욕심보다는 가장 중심이 되는 내용을 정확하게 숙지하도록 지도하고, 나머지는 발음 연습 위주로 진행하는 것도 요령이다.

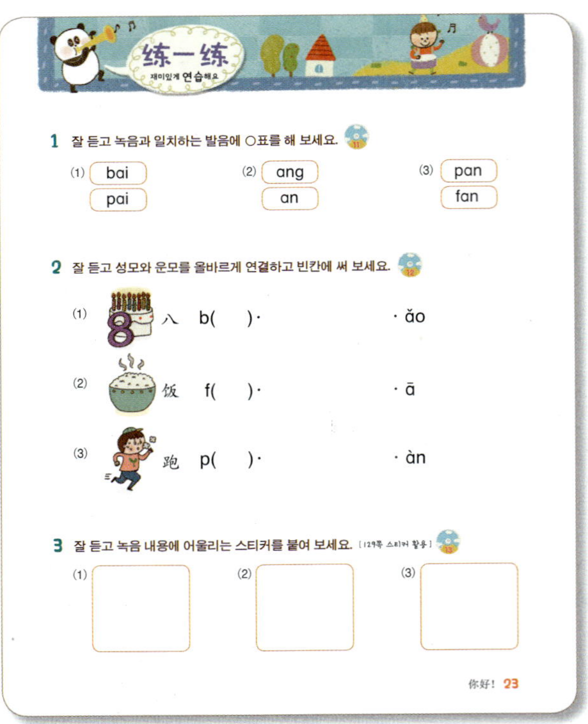

练一练 재미있게 연습해요

1. 녹음과 일치하는 발음에 ○표하기

① 녹음을 들려준 후, 문제를 풀게 한다.
② 정답을 확인하고, 문제 풀이를 한다.
③ 녹음을 다시 한 번 듣고 따라 읽게 한다.

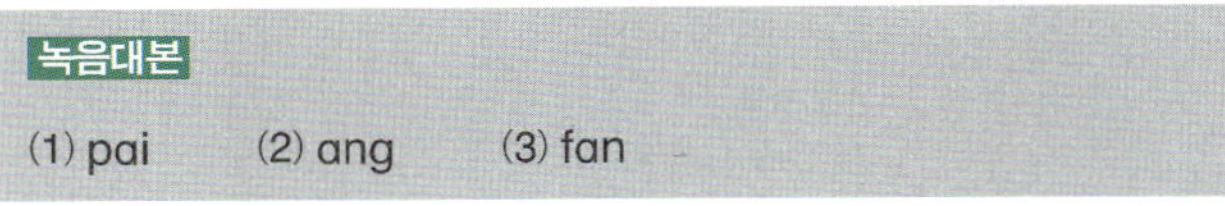

녹음대본

(1) pai (2) ang (3) fan

[정답] (1) pai (2) ang (3) fan

◆ 쌍순음 'b p m', 순치음 'f'와 비음 'n ng'이 포함된 발음을 정확하게 구분할 수 있는지 여부를 점검하기 위한 문제이다. 학생들이 어려워하는 발음이나 혼동하는 발음을 중점적으로 지도한다.

2. 잘 듣고 성모와 운모를 올바르게 연결하기

① 녹음을 들려준 후, 문제를 풀게 한다.
② 정답을 확인하고 문제 풀이를 한다.
③ 녹음을 다시 듣고 따라 읽게 한다.
④ 정답을 제대로 적었는지 확인한다.

녹음대본

(1) bā 八 8, 여덟 (2) fàn 饭 밥
(3) pǎo 跑 달리다

◆ 성조를 잘못 읽으면 전혀 다른 뜻의 단어가 된다는 점을 주의시키고, 초급 학습자의 발음 연습은 유창성보다는 정확성에 중점을 두고 지도한다.

• 성조에 따라 뜻이 달라지는 단어 비교의 예
爸 bà 아빠 | 拔 bá 뽑다 | 把 bǎ 잡다
烦 fán 걱정하다 | 翻 fān 뒤집다
妈 mā 엄마 | 麻 má 마(식물) | 骂 mà 야단치다 | 马 mǎ 말

3. 녹음 내용에 어울리는 스티커 붙이기

① 문장을 잘 듣고 내용에 알맞은 스티커를 붙이도록 한다.
② 정답을 확인하고, 문제 풀이를 한다.
③ 녹음을 다시 한 번 듣고 따라 읽게 한다.
④ 그림만 보고 그림에 어울리는 인사를 해 보게 한다.

녹음대본

(1) 老师好! Lǎoshī hǎo! 선생님, 안녕하세요!
(2) 再见! Zàijiàn! 잘 가!
(3) 你好! Nǐ hǎo! 안녕!

[정답] (1)

(2)

(3)

시간적 여유가 있을 경우 워크북 문제도 함께 풀어 볼 수 있다. 워크북을 푸는 과정을 통해 학생들에게는 학습한 내용을 한 번 더 확인하는 기회를 제공하고, 교사는 학생들의 이해 정도를 파악하여 필요한 지도를 보충하거나 다음 수업의 난이도를 조정할 수 있다.

마무리하기

1. 학습 내용 정리

① 学一学에서 학습한 내용을 정확히 이해했는지 확인한다.
② 연습 문제에서 학생들이 자주 오류를 범하는 내용에 대해 다시 한 번 정리한다.

2. 과제 부여

이번 시간에 학습한 내용을 자연스럽게 표현할 수 있도록 연습해 오게 한다.

4차시 24~25쪽

高一高 실력을 쑥쑥 키워요

1 친한 사이일수록 '고마워', '미안해'와 같은 표현은 아끼지 말아야 해요. 중국어로 어떻게 표현하는지 알아볼까요?

2 다음과 같은 상황에서는 중국어로 어떻게 대화해야 할까요?

(1) 친구가 무거운 물건을 들어 주었어요.

(2) 실수로 친구의 발을 밟았어요.

24 1과

학습 목표

- 감사 표현과 사과 표현을 학습하여 상황에 알맞은 인사를 중국어로 말할 수 있다.
- 중국어로 감사와 사과 표현과 관련된 노래를 부를 수 있다.

수업 준비물

교재, 멀티 CD

들어가기

1. 지난 시간 복습
   ① 과제를 확인한다.
   ② **学一学**에서 다룬 표현을 함께 읽어 보거나 간단한 질문을 통해 복습한다.

2. 새로 배울 내용 소개
   ① 학습 목표를 소개한다.
   ② 주제와 관련된 내용을 소개한다.
   친구에게 고마움을 느낄 때는 언제인지, 또 친구에게 어떤 상황에서 미안함을 느끼는지 말해 보게 할 수 있다.

펼치기

高一高 실력을 쑥쑥 키워요

- "고마워.", "미안해."
  ① 그림을 보고 어떤 상황인지 말해 보도록 한다.
  ② 녹음을 듣고, 함께 따라 읽도록 지도한다.
  ③ 충분히 연습한 후, 아래 2번에 주어진 상황에 알맞은 표현이 무엇인지 대답하도록 한다.

지도 tip

'谢谢' 뒤에 감사의 대상을 넣어서 '谢谢+대상'으로 말할 수 있음을 알려 준다. 이 때, 대상을 앞에 넣어서 '대상+谢谢'라고 말하지 않게 한다.
예 谢谢你 | 谢谢老师

감사 표현과 사과 표현은 가장 기본적이고 간단한 표현이지만 각각의 표현에 대한 대답을 혼동하는 경우가 많으므로 구체적이고 다양한 상황을 예로 들어 주고 적절한 인사 표현을 충분히 연습하게 한다.

보충

사과 표현

사과 표현에도 여러 종류가 있는데 각각의 표현마다 어감상 약간의 차이가 있음을 소개한다. 이러한 부가적인 내용은 항상 학습자의 중국어 수준과 이해 정도에 따라 교사가 적절한 선에서 취사 선택하여 설명해야 한다.

不好意思 bùhǎoyìsi
'对不起'보다 가벼운 사과 표현으로 중국인들이 자주 사용한다.

很抱歉 hěn bàoqiàn
'对不起'보다 무거운 어감으로 사용 빈도가 높지 않다. 주로 성인이 정중한 사과를 할 때 사용한다.

玩一玩 신나게 놀아 봐요

• 노래로 배워요: 친구야 고마워

본 과의 학습 내용으로 구성된 노래를 연습하면서 인사 표현이 익숙해지도록 한다. 노래 안에서 중국어 성조는 무시되므로, 성조를 제외한 성모와 운모의 결합에 주의하면서 부르도록 지도한다. 이 밖에도 친숙한 동요의 멜로디에 중국어의 다양한 인사 표현을 가사로 만들어 함께 노래해 볼 수 있다. 교사 혼자 만드는 것보다는 학생들이 함께 개사 활동에 참여함으로써 수업에 대한 흥미와 참여도를 높일 수 있다. '뽀뽀뽀', '송아지', '산토끼' 등 멜로디가 단순한 동요가 연습에 적합하다.

보충

아래 '泼水歌'의 가사에는 사과 표현이 들어 있다. 노래를 들려 주면서 우리가 배운 표현이 있는지, 배운 표현이 있다면 몇 번이나 등장하는지 확인해 보도록 할 수 있다. 중국 인터넷 사이트에서 노래의 처음부터 끝까지 들을 수 있는 플래시 동영상을 찾아 볼 수 있다.

昨天我打从你门前过 Zuótiān wǒ dǎcóng nǐ mén qián guò
어제 내가 너희 집 앞을 지나가는데

你正提着水桶往外泼 Nǐ zhèng tízhe shuǐtǒng wǎng wài pō
마침 그때 너는 물을 밖에 버리려는 중이었어

泼在我的皮鞋上 Pō zài wǒ de píxié shang
네가 버린 물이 내 구두에 튀었지 뭐야

路上的行人笑得呵呵呵 Lùshang de xíngrén xiào de hēhēhē
주위 사람들은 내 모습을 보고 웃었어

你什么话也没有对我说 Nǐ shénme huà yě méiyǒu duì wǒ shuō
너는 내게 아무 말도 못하고

你只是眯着眼睛望着我 Nǐ zhǐshì mīzhe yǎnjing wàngzhe wǒ
배시시 웃으며 나를 쳐다보고만 있었지

对不起对不起向你行个礼 Duìbuqǐ duìbuqǐ xiàng nǐ xíng ge lǐ
미안해 미안해 사과할게

请你不要对我那么地生气
Qǐng nǐ búyào duì wǒ nàme de shēngqì
그러니까 너무 화내지 마

没关系没关系向你回个礼
Méiguānxi méiguānxi xiàng nǐ huí ge lǐ
괜찮아 괜찮아 걱정하지 마

我会对你笑嘻嘻 Wǒ huì duì nǐ xiàoxīxī
내가 이렇게 웃잖아

泼水歌 **관련 영상사이트:**
http://www.pinshan.com/v_page/998120.html
http://me.cztv.com/video-524376.html

① 두 줄을 만들어 마주 본 친구와 지나가며 한 번씩 인사를 한다. 원을 만들어서 활동을 진행하는 경우, 안쪽 원의 학생은 시계 방향(오른쪽)으로 이동하고, 바깥쪽 원의 학생은 시계 반대 방향(왼쪽)으로 이동하면 마주 치는 상대 학생이 계속 바뀔 수 있다.

② 악수하고 '你好!'라고 인사하고 다시 '再见!'이라고 인사하면서 자리를 옮겨 다른 친구가 있는 쪽으로 이동한다.

③ '谢谢。', '不客气。', '对不起。', '没关系。'를 활용하여 진행할 수도 있다.

지도 tip

모든 활동은 진행 방법이나 규칙에 대해 학생들이 충분히 이해한 후 시작하도록 한다. 활동 방법을 정확하게 이해하지 못하는 어린 학습자들에게는 직접 시범을 보이는 것도 좋은 방법이다.
율동을 곁들인 활동을 할 때, 악수하기, 손 흔들며 인사하기 등의 동작은 단순히 재미를 위함이 아니다. 중국어 표현과 동작을 연결 지어 인사말이 사용되는 상황에 따라 학생들이 학습한 표현을 잘 기억하고 쉽게 연상해 낼 수 있도록 하기 위함이다.
학생들이 관심을 갖는 연예인들의 중국어 인사 동영상을 검색하여 보여 주고 어떤 내용인지 추측해 보도록 유도하는 것도 학생들의 흥미를 끌 수 있는 좋은 방법이다.

마무리하기

1. 학습 내용 정리

① 학습한 표현을 우리말로 제시하고 이를 중국어로 말해 보게 한다.

② 여러 가지 상황을 제시하고 적합한 표현을 중국어로 대답하게 한다.

2. 과제 부여

일상생활에서 감사 표현과 사과 표현을 중국어로 해 보도록 한다.

2 你是哪国人? 너는 어느 나라 사람이니?

단원 소개 및 학습 내용

중국은 다양한 소수민족이 모여 구성된 나라임을 이해하도록 한다. 나아가 중국인들이 사용하는 언어에 대해 이해할 수 있다. 또한 다양한 나라의 이름을 중국어로 익히고 상대방의 국적을 묻고 답하는 표현도 익힐 수 있다.

단원 학습 목표

1. 운모 'o ou ong'과 관련된 발음을 정확하게 할 수 있다.
2. 중국어로 국적을 묻고 답할 수 있다.
3. 제3성의 성조 변화를 익힐 수 있다.

단원 지도 계획

차시	교재 범위	학습 단계	학습 내용
1	26~29쪽	문화	중국인도 못 알아듣는 중국어?
		발음	운모 'o ou ong'과 성모 'b p m f d t n l'
		새 단어	본문 새 단어 학습 쓰기 연습(不是, 吗)
2	30~31쪽	회화	국적 묻고 답하기
3	32~33쪽	교체 연습	'吗'를 활용한 의문문 '是'를 활용한 긍정·부정 표현
		연습 문제	발음 및 본문 내용 관련 문제 풀기
4	34~35쪽	확장 연습	다양한 나라 이름 알기
		활동	나라 이름을 익혀요!

학습 목표

- 다양한 소수민족으로 이루어진 중국에 대해 이해할 수 있다.
- 운모 'o ou ong'과 성모 'b p m f d t n l'를 결합하여 발음할 수 있다.
- 새 단어의 발음과 뜻을 익히고, 획순에 맞게 쓸 수 있다.

수업 준비물

교재, 멀티 CD, 단어 카드

들어가기

1. 지난 시간 복습

① 기본적인 인사 표현을 중국어로 말해 보도록 한다.

② 감사와 사과의 표현을 할 수 있는 여러 상황을 제시하여 알맞게 문장을 말해 보도록 한다.

2. 새로 배울 내용 소개

① 그림과 문화 내용을 살펴보면서 이번 단원에서 배울 내용이 무엇인지 유추해 보게 한다.

◆ 지도를 보며 한국과 중국의 영토가 보임을 이야기한다. '중국은 하나의 국가인데 왜 이렇게 다양한 종류의 의복을 입고 있는 사람들이 많이 있을까?'라는 식의 질문을 유도함으로써 자연스럽게 중국의 소수민족을 설명한다.

② 새로운 내용을 학습하기에 앞서 가볍게 발음 연습을 하고, 새로운 단어를 익혀 보는 시간임을 알려 준다.

펼치기

- 문화 소개 : 소수민족

① 그림을 보며 중국이 한족과 55개 소수민족으로 이루어진 다민족 국가임을 설명하고, 소수민족에 대해 간단히 소개한다.

◆ 지난 2011년 중국의 제6차 인구 조사를 근거로 한 통계에 따르면 한족은 전체 인구의 91.52%, 나머지 55개 소수민족은 8.48%를 차지하고 있다. 비록 소수민족의 인구 수는 적지만 그들이 살고 있는 지역은 중국 국토 면적의 60% 이상을 차지한다. 소수민족 가운데 인구가 100만 명이 넘는 민족은 18개이며, 그 중 인구 수가 가장 많은 좡족(壮族)은 1,600만 명에 이른다. 이와 반대로 뤄바족(珞巴族)은 2,900여 명에 불과하여 인구 수가 가장 적은 소수민족이다. 그밖에 한민족(韩民族) 혈통인 조선족(朝鲜族)은 약 192만 명으로 소수민족 중 13번째로 인구가 많다. 다민족 국가인 중국은 민족 분열을 미연에 방지하기 위해 국가적인 정책과 법률을 통해 다각도로 지원하고 있다. 소수민족들의 풍습과 생활 양식은 매우 다양하며 자신들만의 고유한 전통을 한결같이 지켜가고 있다.

② 본문의 문화 내용을 함께 읽어 본다.

③ 이번 과에서 배우는 내용과 연관이 있음을 언급하고 수업을 시작한다. 한어와 보통화에 대해서는 예비 단원에서 다루었던 내용을 간단하게 다시 언급하는 정도에서 그친다.

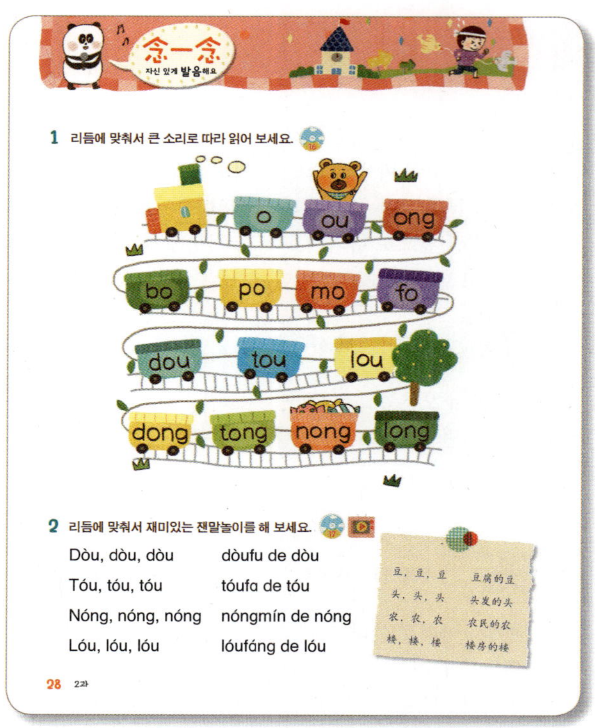
念一念 자신 있게 발음해요

1 리듬에 맞춰서 큰 소리로 따라 읽어 보세요.

2 리듬에 맞춰서 재미있는 잰말놀이를 해 보세요.

Dòu, dòu, dòu　dòufu de dòu
Tóu, tóu, tóu　tóufa de tóu
Nóng, nóng, nóng　nóngmín de nóng
Lóu, lóu, lóu　lóufáng de lóu

28 2과

念一念 자신있게 발음해요

1. 발음 연습

① 녹음을 들려 주고 따라 읽게 한다.

② 쉽게 틀리는 발음이 무엇인지 파악하고 교정해 준다.

◆ 입술소리(쌍순음) 'b p m', 이 입술소리(순치음) 'f', 그리고 혀끝소리(설첨음) 'd t n l'와 운모 'o ou ong'이 결합한 발음을 연습한다. 입술소리 'b p m'와 혀끝소리 'd t n'는 학생들이 크게 어려워하는 발음은 아니다. 그러나 성모 'l'는 우리말 받침의 'ㄹ'과 비슷하지만, 동일한 방식으로 나오는 발음이 아니므로 충분히 연습시킨다. 운모 'o'는 성모 'd t n l'와 결합하지 않으므로, 앞 단원에서 학습했던 성모 'b p m f'와 결합하여 연습한다.

③ 'pou mou fou' 등의 발음을 추가적으로 연습할 수 있다.

④ 우리말에 없는 발음 또는 영어와 표기는 같지만 발음이 다른 경우는 특히 주의하여 집중적으로 연습할 수 있도록 한다.

2. 잰말놀이

본 교재의 잰말놀이 부분은 중국어 발음을 유창하게 할 수 있도록 돕는 것이 목적이다. 발음을 연습하는 과정에서 단어의 학습이 이루어질 수는 있으나, 문법이나 단어 학습에 비중을 두기보다는 학습자가 정확한 중국어 발음을 자연스럽게 익힐 수 있도록 지도한다.

① 리듬에 맞춰 가볍게 따라 읽게 한다.

② 부정확하거나 쉽게 틀리는 발음이 무엇인지 파악하고 교정해 준다.

③ 연습 정도에 따라 속도를 조절하여 능숙하게 발음할 수 있도록 지도한다.

④ 간단한 동작이나 율동을 통해서 잰말놀이에 포함된 단어의 뜻을 기억하도록 지도할 수 있다.

◆ 지도의 예

豆腐　엄지, 검지 손가락을 이용하여 동그란 콩 모양을 만들거나, 네모난 두부 모양을 만든다.

头发　머리카락을 만지거나 쓸어 내린다.

农民　밭을 가는 동작을 하거나, 이마의 땀을 닦는 동작을 하며 농부 흉내를 낸다.

楼房　두 팔을 벌려 네모난 건물 모양을 과장하여 크게 표현한다.

⑤ 큰 소리로 발음하면서 동작을 함께 해 본다.

⑥ 익숙해지면 속도에 변화를 주면서 연습해 볼 수 있다.

지도 tip

잰말놀이에 등장하는 단어의 사진이나 그림 등의 시각 자료를 함께 제시함으로써 학습자가 단어의 의미를 파악하고 기억하도록 돕는다. 따라 읽기 → 반복 읽기 → 빨리 읽기 → 자연스럽게 읽기 등 다양한 방법을 사용하여 점진적인 난이도 조절을 할 수 있다. 다양한 읽기 방식을 활용한 발음 지도는 학습자가 지루함을 느끼지 않고 반복 연습을 할 수 있으므로, 꾸준한 연습을 통해 유창성과 자신감을 향상시킬 수 있다.

学生词 새 단어를 배워봐요

1 새 단어를 큰 소리로 따라 읽어 보세요.

是 shì ~이다
哪国人 nǎ guó rén 어느 나라 사람
我 wǒ 나
韩国 Hánguó 한국
呢 ne ~는요?
* 나라 이름 뒤에 人rén 을 붙이면 '~나라 사람'이라는 뜻이 됩니다.
美国 Měiguó 미국
他 tā 그
中国 Zhōngguó 중국
吗 ma ~입니까?
不是 bú shì ~가 아니다

2 획순에 주의하여 올바르게 한자를 써 보세요.

不是 bú shì ~가 아니다
一 丆 不 不 丨 冂 日 日 旦 早 早 昰 是
不 是 不 是

吗 ma ~입니까?
丨 П П 叮 吗 吗
吗 吗 吗 吗

你是哪国人? 29

学生词 새 단어를 배워봐요

1. 어휘 학습

① 녹음을 듣고 큰 소리로 따라 읽게 한다.
② 단어의 의미와 주의해야 할 발음을 설명한다.

是 shì ~이다
'是'는 주어 바로 뒤에 온다는 것을 강조한다.

哪国人 nǎ guó rén 어느 나라 사람
'哪'를 반3성으로 발음하도록 지도한다.

我 wǒ 나
'wǒ'의 정확한 발음은 'uo'이다. 발음에 주의하여 지도한다.

韩国 Hánguó 한국
'Hán'을 'Hǎn'으로 발음하지 않도록 주의하여 지도한다.

呢 ne ~는요?
의문을 나타내는 어기조사로, 문장의 끝에 쓰여 생략식 의문문을 구성한다. 우리말의 '~는요?'에 해당한다.

美国 Měiguó 미국
'Měiguó'를 'Méiguó'로 발음하는 경우가 있으므로 주의하여 지도한다.

他 tā 그
제3인칭 대사로 남자를 지칭할 때 쓴다.

吗 ma ~입니까?
문장의 끝에 쓰여 의문을 나타낸다.

不是 bú shì ~가 아니다
'不'는 제4성 앞에서는 제2성으로 발음하지만, 학습 초기 단계이므로 '不是'를 한 단어처럼 익힐 수 있도록 지도한다.

③ 녹음을 다시 듣고 따라 읽게 한다.

2. 쓰기 연습

① 교사는 중요 단어를 칠판에 쓰면서 획순을 알려 준다.
② 획순에 주의하여 학생 스스로 써 보도록 한다.
③ 학생들이 잘못 쓰는 글자를 다시 한 번 짚어 준다.
④ 학생이 칠판 앞으로 나와서 교사가 지정해 준 한자를 획순에 맞게 써 보고 발음해 보도록 한다.

不 **부수 一 총 4획**

- 왼쪽에서 오른쪽으로 쓴다.
- 삐침을 먼저 쓰고 파임을 나중에 쓴다.

一 丆 不 不

是 **부수 日 총 9획**

- 위에서 아래로 쓴다.
- '是'는 '日'과 '正(疋의 변형)'이 합해진 글자로 균형되게 써야 하나, '日'을 너무 크게 쓰지 않도록 한다.

丨 冂 日 日 旦 早 早 昰 是

吗 **부수 口 총 6획**

- 왼쪽 '口'를 먼저 쓰고, 오른쪽의 '马'를 쓴다.
- 두 글자가 가로로 합해져서 한 글자가 된 경우이지만, '口'를 작게 써야 한다.

丨 П П 叮 吗 吗

참고 사이트

http://www.yes-chinese.com/tzg/
→ 획순이 포함된 쓰기 활동지를 만들 수 있다.

마무리하기

1. 학습 내용 정리

수업 내용에 관한 질문을 통해 학생들의 이해도를 점검한다. 학생들이 특히 어려워하는 부분이 어디인지 확인하고, 다시 한 번 짚고 넘어간다.

2. 과제 부여

① 본서 28쪽의 '발음 연습'과 '잰말놀이'를 큰 소리로 읽는 연습을 해 오도록 한다.
② 학습한 단어의 뜻과 한어병음이 익숙해질 수 있도록 멀티 CD (TRACK 18)를 반복해서 들어 오게 한다.

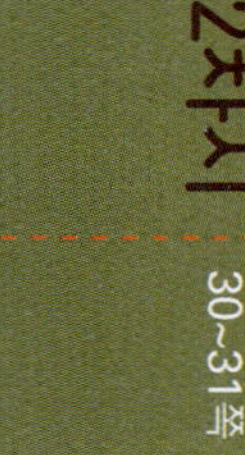

학습 목표

- 국적을 묻고 답할 수 있다.
- 상대방의 국적을 확인할 수 있다.

수업 준비물

교재, 멀티 CD

들어가기

1. 지난 시간 복습

① 과제를 확인한다.

② 그림 자료나 PPT 등의 시각 자료를 활용하여 지난 차시에 다룬 문화 관련 내용을 확인한다.

2. 새로 배울 내용 소개

① 학습 목표를 소개한다.

② 본문의 그림을 보고 어떤 상황인지 유추해 보도록 한다.

펼치기

一起说 친구들과 대화해요

1. 단어 확인하기

① 단어 카드를 활용하여 지난 시간에 학습한 단어를 읽어 보게 한다. 멀티 CD의 단어 플래시를 활용하여 단어를 복습할 수도 있다.

② 교사가 중국어로 단어를 제시하면 학생들은 우리말로 그 단어의 뜻을 말한다.

③ 학생들이 단어의 뜻을 정확하게 이해했다면 교사는 학생들에게 우리말로 단어를 제시하고, 중국어로 대답해 보게 한다.

2. 녹음 듣고 문장 연습하기

① 녹음을 들려 주고 따라 읽게 한다.

② 문장 단위로 따라 읽게 하고 해석한다.

본문 해석

大卫	你是哪国人? 너는 어느 나라 사람이니?
惠敏	我是韩国人。你呢? 나는 한국인이야. 너는?
大卫	我是美国人。他是中国人吗? 나는 미국인이야. 그는 중국인이니?
惠敏	不是，他是韩国人。 아니, 그는 한국인이야.

③ 교재의 문장을 정확한 발음으로 읽어 보도록 한다.

◆ '哪国人(nǎ guó rén)'과 '美国人(Měiguórén)'을 읽을 때 '哪', '美'의 제3성을 각각 반3성으로 읽도록 지도한다. 또한 '韩国人'의 'Hán'을 'Hǎn'으로, '中国人'의 'Zhōng'을 'Zōng'으로 발음하지 않도록 주의하여 지도한다.

보충

제3성의 성조 변화

제3성 뒤에 다시 제3성이 오면 앞의 제3성을 제2성으로 읽고, 제3성 뒤에 제1, 2, 4성이 오면 앞의 제3성을 반3성으로 읽는다. 반3성은 제3성의 가장 낮은 음까지 내려간 이후에 다시 위로 올리지 않고 다음 단어의 발음을 이어서 하는 것을 말한다. 제3성은 반3성으로 발음되는 경우가 대부분이므로 연습을 충분히 하도록 한다.

그러나, 발음상의 변화만 있을 뿐, 성조를 표기할 때에는 원래의 성조 그대로 표기해야 함을 유의하도록 지도한다.

제3성 + 제3성 → 제2성 + 제3성

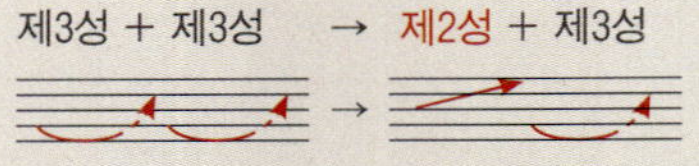

예 shuǐguǒ(水果) | lǎohǔ(老虎)

제3성 + 제1성 → 반3성 + 제1성

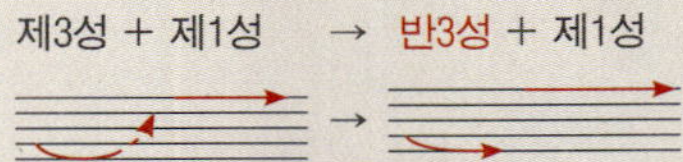

예 hǎo chī(好吃) | hǎo tīng(好听)

제3성 + 제2성 → 반3성 + 제2성

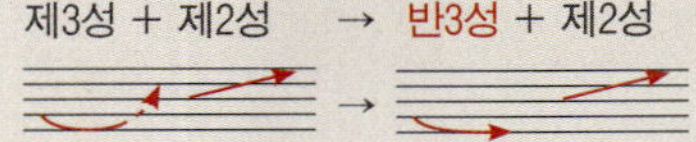

예 hǎowánr(好玩儿) | qǐchuáng(起床)

제3성 + 제4성 → 반3성 + 제4성

예 hǎokàn(好看) | qǐng zuò(请坐)

성조 변화의 규칙을 자세히 설명하기보다는 정확한 발음으로 여러 차례 반복하여 연습함으로써 성조 변화의 규칙을 충분히 숙지하고 자연스럽게 발음할 수 있도록 지도하는 것이 바람직하다.

④ 두 사람씩 짝을 지어 대화문을 연습해 보게 한다. 역할을 바꾸어 가면서 연습하도록 지도하여 반복적인 연습이 지루해지지 않도록 주의한다.

⑤ 간체자만 보고 본문을 읽는 연습을 한다.

보충

고유명사의 한어병음 표기법

- 국가 이름은 고유명사이므로 한어병음의 첫 글자를 대문자로 써야 함을 지도한다.
  예 韩国 Hánguó 한국 | 美国 Měiguó 미국 | 中国 Zhōngguó 중국
- 다양한 나라 이름의 중국어 표현을 추가적으로 다룰 때 '国'으로 끝나는 나라(영국, 미국 등)를 먼저 알려 주면 학생들이 쉽게 기억할 수 있다.
  예 德国 독일 | 法国 프랑스 | 英国 영국 | 泰国 태국

어기조사 呢

앞의 화제를 이어받아 다시 상대에게 되물어 볼 때, 의문조사 '呢'를 사용하여 이미 언급된 내용을 반복하지 않고 짧게 질문할 수 있다.

본문의 '你呢?'는 '你是哪国人?'을 대신한 것이며, 아래와 같은 예로 학생들의 이해를 도울 수 있다.

예 A: 明天你去吗? 내일 너 갈 거야?
B: 我去。你呢? 갈 거야. 너는?(너도 갈 거야?)

예 A: 你工作忙吗? 일이 바빠요?
B: 不忙。你呢? 바쁘지 않아요. 당신은요?(당신은 바빠요?)

3. 문장 듣고 해석하기

교사가 읽어 주는 내용을 듣고 우리말로 해석하게 한다.

4. 해석 듣고 중국어 문장으로 말하기

① 실제 대화하는 것처럼 자연스럽게 말하도록 지도한다.

② 짝과 함께 회화 내용을 연습하고, 역할을 바꾸어 반복 연습하도록 지도한다.

지도 tip

말하기 학습 과정에서 드러나는 문제점은 다양하지만 대부분은 학습자의 심리적인 불안과 두려움에서 출발한다. 자신의 표현이 틀릴지도 모른다는 걱정을 한다거나, 중국어 발음이 아직 불확실해서 중국어 시간에 진행되는 교사의 질문에 대해 발표하는 것을 꺼려하는 경우도 종종 발생한다.

교사는 학습자가 중국어 말하기의 두려움을 극복하고 자신감을 가질 수 있도록 수업 시간 내에 작은 성공 경험을 제공해야 한다. 학습자의 수준에 적합한 과제를 제공하고 점진적으로 과제의 난이도를 높여가며 연습한다. 난이도가 부적절할 경우, 각 단계 및 시기에 맞는 재조정 과정을 거치며, 이러한 과정을 통해 학습자가 긍정적인 경험을 하게 되면, 중국어 말하기에 대한 자신감이 형성될 수 있고 결과적으로 향후 진행되는 중국어 학습에 대한 흥미와 동기가 지속될 수 있다.

마무리하기

1. 학습 내용 정리

학습 내용을 다시 한 번 확인한다. 멀티 CD 회화 애니메이션의 자막을 변경해 가며 회화 내용을 확실히 익혔는지 확인해 볼 수 있다.

2. 과제 부여

① 본문을 세 번씩 큰 소리로 읽어 보도록 한다.

② 짝과 함께 역할을 분담하여 대화하는 연습을 해 오게 한다.

3차시 32~33쪽

学一学 차근차근 익혀봐요

문장 맨 끝에 '吗'를 붙이면 물어보는 표현이 돼요.

你是韩国人吗？
Nǐ shì Hánguórén ma?
너는 한국인이니?

她 tā 그녀 他们 tāmen 그들 她们 tāmen 그녀들

'是'는 '~이다'라는 뜻이에요. '~가 아니다'는 '不是'라고 해요.

我是韩国人。
Wǒ shì Hánguórén.
나는 한국인이에요.

我不是韩国人。
Wǒ bú shì Hánguórén.
나는 한국인이 아니에요.

学生 xuésheng 학생 老师 lǎoshī 선생님

32 2과

학습 목표

- '吗'를 활용하여 의문 형식의 문장을 말할 수 있다.
- '是'를 활용하여 긍정·부정 표현을 할 수 있다.

수업 준비물

교재, 음성 자료

들어가기

1. 지난 시간 복습

① 과제를 확인한다.

② 지난 차시 학습 내용을 확인한다.
국적을 묻고 답하는 표현 등을 문답식으로 확인하거나, 상황에 맞는 그림 혹은 PPT 자료를 활용하여 확인한다.

2. 새로 배울 내용 소개

① 학습 목표를 소개한다.

② 주제와 관련된 내용을 소개한다.
가 보고 싶은 나라, 가 본 적 있는 나라 등을 말해 보게 한다.

펼치기

学一学 차근차근 익혀봐요

1. '吗'를 활용한 의문문

① 녹음을 듣고 정확한 발음으로 따라 읽도록 지도한다.

② 새 단어의 의미를 확인하고 문장으로 연습해 본다.

◆ '他'와 '她' 뒤에 '们'을 붙이면 복수 표현이 됨을 설명하고, 이미 학습한 인칭대명사 '我', '你'를 활용하여 복수형 '我们', '你们'을 만드는 연습도 해 본다. '他'와 '她'는 부수에 따라 그 의미가 달라진다는 점을 알려 줄 수 있다. '他'와 같이 '亻(人)'이 부수로 쓰인 한자에는 '사람' 혹은 '남자'의 의미가, '她'와 같이 '女'가 부수로 쓰인 글자에는 '여자'의 의미가 내포되어 있음을 알려 주면 학생들이 보다 쉽게 기억할 수 있다.

지도 tip

한자는 중국어 학습 과정에서 학습자가 어려워하는 요소 중 하나이다. 교사는 단기간에 가시적인 향상을 꾀하기보다는, 평소에 꾸준히 한자를 다루어줌으로써 학습자의 한자에 대한 거부감을 줄여 주고, 한자에 익숙해질 수 있도록 노력해야 한다. 그러나 한자를 어려워하는 학습자들에게 지나치게 한자를 강조하거나 자세히 설명하는 것은 오히려 부작용이 생길 수 있으므로 교사가 상황에 맞게 알맞은 방식을 선택하여 지도한다.

③ 제시된 문장을 교사와 학생이 번갈아 읽어 본다.

你是韩国人吗？ 너는 한국인이니?

밑줄 친 부분을 바꿔서 말해봐요!

她是韩国人吗？ 그녀는 한국인이니?
他们是韩国人吗？ 그들은 한국인이니?
她们是韩国人吗？ 그녀들은 한국인이니?

◆ 문장 끝에 '吗'를 붙여 물어보는 표현을 충분히 연습한 후에는 '韩国人' 대신 '中国人'이나 '美国人' 등의 단어를 활용하여 보다 다양하게 연습할 수 있다.

2. '是'를 활용한 긍정·부정 표현

① 녹음을 듣고 정확한 발음으로 따라 읽도록 지도한다.

② 새 단어의 의미를 확인하고 문장으로 연습해 본다.

③ 제시된 문장을 교사와 학생이 번갈아 읽어 본다.

我是韩国人。 나는 한국인이에요.
我不是韩国人。 나는 한국인이 아니에요.

밑줄 친 부분을 바꿔서 말해봐요!

我是学生。 나는 학생이에요.
我不是学生。 나는 학생이 아니에요.
我是老师。 나는 선생님이에요.
我不是老师。 나는 선생님이 아니에요.

보충

'不'의 성조 변화

- '不' 뒤에 제4성이 오면 '不'는 제2성으로 발음한다.
  예 bú shì(不是) | bú qù(不去) | bú kàn(不看)
- '不' 뒤에 제1, 2, 3성이 오면 '不'는 제4성으로 발음한다.
  예 bù tīng(不听) | bù néng(不能) | bù hǎo(不好)

'不'의 성조 변화에 대해 이론적인 설명을 하는 것은 학습 초기 단계의 어린 학습자에게 적합하지 않을 수 있으므로, 하나의 단어처럼 붙여서 익힐 수 있도록 충분히 연습한다.

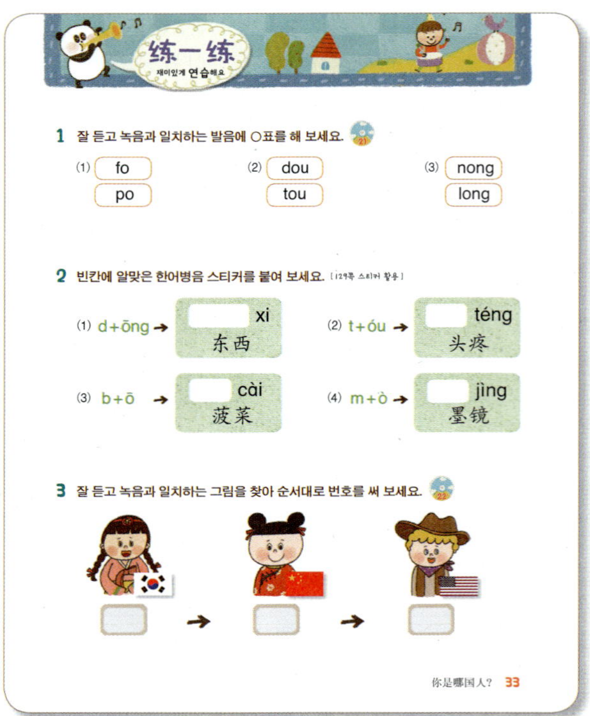

练一练 재미있게 연습해요

1 잘 듣고 녹음과 일치하는 발음에 ○표를 해 보세요.

(1)	(2)	(3)
fo	dou	nong
po	tou	long

2 빈칸에 알맞은 한어병음 스티커를 붙여 보세요. (129쪽 스티커 활용)

(1) d+ōng → ☐xi 东西
(2) t+óu → ☐téng 头疼
(3) b+ō → ☐cài 菠菜
(4) m+ò → ☐jìng 墨镜

3 잘 듣고 녹음과 일치하는 그림을 찾아 순서대로 번호를 써 보세요.

☐ → ☐ → ☐

你是哪国人? 33

练一练 재미있게 연습해요

1. 녹음과 일치하는 발음에 ○표하기

① 녹음을 들려준 후, 문제를 풀게 한다.
② 정답을 확인하고, 문제 풀이를 한다.
③ 녹음을 다시 한 번 듣고 따라 읽게 한다.

녹음대본

(1) po (2) dou (3) nong

[정답] (1) po (2) dou (3) nong

◆ (1)은 성모 'b p m f'의 발음을 구분할 수 있는지를 확인하기 위한 문제이며, (2)는 성모 'd t n l'와 결합 운모 'ou'의 발음을, (3)은 성모 'd t n l'와 비음 'ng'이 포함된 결합 운모 'ong'의 발음을 구분할 수 있는지의 여부를 점검하기 위한 문제이다. 제시된 발음 외에도 'bo mo lou dong tong'의 발음을 추가로 연습할 수 있다.

2. 알맞은 한어병음 스티커 붙이기

① 제시된 성모와 운모를 결합하여 써 보게 한 후, 교재 129쪽의 스티커를 활용하여 붙여 보게 한다.
② 정답을 확인하고, 문제 풀이를 한다.
③ 단어의 뜻을 알려 주고, 큰 소리로 다시 읽어 보게 한다.

[정답] (1) dōngxi (2) tóuténg (3) bōcài (3) mòjìng

◆ (1) '东西'의 '西'를 제1성으로 읽어 'dōngxī'라고 발음하면 동쪽과 서쪽이라는 뜻이 된다. 보기의 '西'는 경성으로 발음하도록 유의한다.
(3) 영어에 익숙한 학생들이 한어병음을 영어처럼 읽는 경우가 있는데, 'bōcài'의 'c'를 영어와 혼동하여 [ㅋ]으로 발음하지 않도록 한다.

3. 녹음과 일치하는 그림을 찾아 순서대로 번호 쓰기

① 잘 듣고 녹음과 일치하는 그림을 순서대로 배열하게 한다.
② 정답을 확인하고, 문제 풀이를 한다.
③ 전체 내용을 다시 한 번 듣고 따라 읽게 한다.

녹음대본

(1) A: 你是哪国人? Nǐ shì nǎ guó rén?
너는 어느 나라 사람이니?
B: 我是中国人。Wǒ shì Zhōngguórén.
나는 중국인이야.

(2) A: 你是哪国人? Nǐ shì nǎ guó rén?
너는 어느 나라 사람이니?
B: 我是韩国人。Wǒ shì Hánguórén.
나는 한국인이야.

(3) A: 你是哪国人? Nǐ shì nǎ guó rén?
너는 어느 나라 사람이니?
B: 我是美国人。Wǒ shì Měiguórén.
나는 미국인이야.

[정답] (1) 2 → 1 → 3

시간적 여유가 있을 경우 워크북 문제도 함께 풀어 볼 수 있다. 워크북을 푸는 과정을 통해 학생들에게는 학습한 내용을 한 번 더 확인하는 기회를 제공하고, 교사는 학생들의 이해 정도를 파악하여 필요한 지도를 보충하거나 다음 수업의 난이도를 조정할 수 있다.

마무리하기

1. 학습 내용 정리

① 学一学에서 학습한 내용을 정확히 이해했는지 확인한다.
② 연습 문제에서 학생들이 자주 오류를 범하는 내용에 대해 다시 한 번 정리한다.

2. 과제 부여

이번 시간에 학습한 내용을 자연스럽게 표현할 수 있도록 연습해 오게 한다.

4차시

34~35쪽

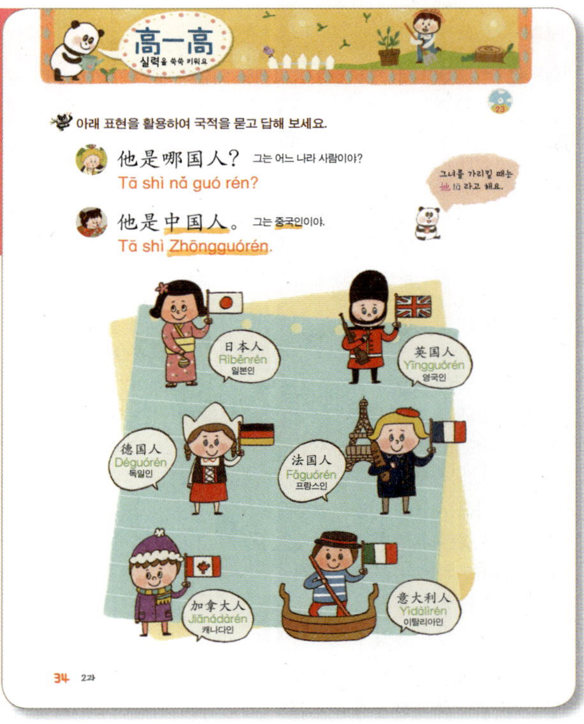
高一高
실력을 쑥쑥 키워요

아래 표현을 활용하여 국적을 묻고 답해 보세요.

他是哪国人？ 그는 어느 나라 사람이야?
Tā shì nǎ guó rén?

他是中国人。 그는 중국인이야.
Tā shì Zhōngguórén.

그녀를 가리킬 때는 她 tā 라고 해요.

日本人 Rìběnrén 일본인
英国人 Yīngguórén 영국인
德国人 Déguórén 독일인
法国人 Fǎguórén 프랑스인
加拿大人 Jiānádàrén 캐나다인
意大利人 Yìdàlìrén 이탈리아인

34 2과

학습 목표

- 다양한 나라 이름을 중국어로 말할 수 있다.
- 다양한 나라 이름을 활용하여 국적 묻고 답하기를 할 수 있다.

수업 준비물

교재, 가위, 색연필, 풀, 나무젓가락

들어가기

1. 지난 시간 복습
   ① 과제를 확인한다.
   ② 学一学 에서 다룬 표현을 함께 읽어 보거나 간단한 질문을 통해 복습한다.

2. 새로 배울 내용 소개
   ① 학습 목표를 소개한다.
   ② 주제와 관련된 내용을 소개한다.
   알고 있는 나라 이름을 모두 말해 보게 하고, 그중 가 보고 싶은 나라를 말해 보게 할 수 있다.

펼치기

高一高 실력을 쑥쑥 키워요

- 다양한 나라 이름 익히기
  ① 교사는 나라 이름을 중국어로 들려주고, 학생들은 교재를 보지 않고 나라 이름을 유추하여 맞춰 보게 한다. 칠판에 한글로 여러 나라의 이름을 섞어서 적어 줄 수도 있다.
  ② 녹음을 듣고 정확한 발음으로 함께 따라 읽도록 지도한다.

他是哪国人？ 그는 어느 나라 사람이야?
他是中国人。 그는 중국인이야.

아래 표현을 활용하여 국적을 묻고 답해봐요!
她是日本人。 그녀는 일본인이야.
他是英国人。 그는 영국인이야.
她是德国人。 그녀는 독일인이야.
她是法国人。 그녀는 프랑스인이야.
他是加拿大人。 그는 캐나다인이야.
他是意大利人。 그는 이탈리아인이야.

  ③ 교재를 보며 학생 스스로 읽어 보게 한다.
  ④ 학습한 단어를 활용하여 짝과 함께 국적을 묻고 답하는 연습을 해 보도록 한다.

지도 tip

나라 이름에 관심이 많은 초등학생들의 경우, 생소하거나 특이한 나라의 이름을 궁금해 하는 경우가 있다. 부담을 주지 않는 수준에서 부가적으로 지도할 수 있지만, 그보다 먼저 교재의 기본적인 내용을 충분히 숙지하도록 지도한다.

보충

나라 이름

越南 Yuènán 베트남 | 新加坡 Xīnjiāpō 싱가포르 |
瑞士 Ruìshì 스위스 | 埃及 Āijí 이집트 | 肯尼亚 Kěnníyà 케냐 |
以色列 Yǐsèliè 이스라엘 | 澳大利亚 Àodàlìyà 오스트레일리아 |
新西兰 Xīnxīlán 뉴질랜드 | 墨西哥 Mòxīgē 멕시코 |
巴西 Bāxī 브라질 | 阿根廷 Āgēntíng 아르헨티나 | 智利 Zhìlì 칠레 |
哥伦比亚 Gēlúnbǐyà 콜롬비아

玩一玩 신나게 놀아 봐요

나라 이름을 익혀요!

준비물 : 활동 자료(105, 107쪽), 가위, 색연필, 풀, 나무젓가락

하나. 4명이 한 모둠을 만들어요.

두울. 국기를 오리고 점선을 따라 접으세요. 접은 활동지 가운데에 나무젓가락을 끼우고 풀로 고정시켜 깃발처럼 만들어요.

세엣. 완성된 9개의 깃발이 잘 보이도록 책상 위에 펼쳐 놓아요.

네엣. 4명 중 1명은 나라 이름을 불러 주고, 나머지 3명의 친구들은 해당하는 나라의 깃발을 들어 주세요. 정확하게 빨리 드는 친구에게 점수를 줍니다.

• 태극기와 오성홍기는 직접 색칠해 보세요.

玩一玩 신나게 놀아 봐요 

• **나라 이름을 익혀요!**

교재 권말 부록에서 제공하고 있는 국기 카드는 다양한 방식으로 활용이 가능하다. 교사가 나라 이름을 불러 줄 수도 있고, 학생 한 명이 불러 주고 다른 학생 한 명이 깃발을 들면서 중국어로 말하게 할 수도 있다. 나무젓가락이나 빨대를 활용하여 깃발을 만드는 활동의 진행이 어려울 경우, 활동지의 점선을 따라 오려서 카드로 만들어 활용할 수도 있다. 만들어진 카드를 상자 안에 넣은 후, 학생들이 순서대로 돌아가며 카드를 한 장씩 뽑고, 정확한 발음으로 카드에 적힌 나라 이름을 말하거나, 나라 이름을 포함한 문장을 완성하면 그 카드를 가질 수 있다. 끝까지 게임을 진행한 후 가장 많은 카드를 모은 학생 혹은 팀이 점수를 획득한다.

◆ 나무젓가락이나 빨대를 사용하면서 교구를 만들 때, 학생들이 심한 장난을 친다거나 다치지 않도록 각별한 주의를 당부한다.

지도 tip

활동 내용을 이해하지 못해 소외되는 학습자가 생기지 않도록, 활동에서 사용되는 주요 표현은 칠판에 크게 적어 두어, 학습자들이 언제든지 참고할 수 있도록 한다.
활동은 단순히 놀기 위함이 아니라, 학습의 연장선임을 알 수 있도록 정확한 규칙을 세우고, 지나치게 소란해질 경우 활동을 중단할 수도 있음을 사전에 알린다.
학습 초기 단계이므로, 활동 중의 오류 지적은 개인보다는 전체 학습자를 대상으로 진행한다. 작은 실수보다는 큰 실수 위주로, 학습자들이 공통적으로 자주 범하는 오류 위주로 교정해 준다.

보충

활동은 본 교재에 제시된 방법 이외에도 다양한 응용이 가능하다. 각 활동마다 난이도는 다르지만, 다양한 활동들을 통해 교사는 학생들이 학습한 나라 이름을 제대로 알고 있는지를 파악할 수 있다.

심화 활동 1)
난이도를 높여서 '시장에 가면' 게임처럼 처음부터 국가 이름을 계속 누적시켜서 중국어로 말할 수도 있다. 카드를 보면서 말하다가 점차 카드를 내려놓고 외워서 말할 수 있도록 지도하는 방법도 있다.

심화 활동 2)
교사는 각 나라마다 아래와 같이 두 종류의 카드를 준비한다.
종류1: (앞)국기 (뒤)한어병음
종류2: (앞)전통 복장 혹은 그 나라를 대표할 수 있는 사진 (뒤)한어병음
준비한 카드를 학생들에게 무작위로 나누어 주고, 그림을 보여 주며 친구들에게 가서 '我是_____人。'이라고 서로 소개하게 한다. 서로 소개를 하다 같은 나라 사람을 만나면, '我们是_____人。'이라고 크게 외친다. 가장 빨리 짝을 찾은 학생들에게 점수를 줄 수 있다. 학생 수가 많다면 한 나라를 상징하는 카드의 종류를 많게 하고 제한 시간 안에 가장 많은 짝을 찾은 팀에게 점수를 줄 수도 있다.

심화 활동 3)
각 나라를 대표하는 유명인 사진을 무작위로 나누어 주거나 그 나라를 떠올릴 수 있는 대표적인 사진을 준비한다. 나라 이름을 처음 배울 때 각 나라를 대표하는 인물이나 건축물 사진을 함께 보며 나라 이름을 익혀 두는 것도 좋은 방법이다. 교사는 학생들에게 각 인물을 배정해 주고, 학생들은 배정받은 인물이 되어 세계 각국의 친구들을 만나 보는 활동을 한다. 제한 시간을 주고 가장 많은 친구들을 만난 학생에게 점수를 줄 수도 있다. 이때 간단한 활동지를 교사가 추가로 준비하여 인터뷰 활동(정보차 활동) 형식으로도 연습을 진행할 수 있다.

심화 활동 4)
세계지도에서 각 나라의 위치를 찾아 보는 활동을 할 수 있다. 세계지도를 나누어 주고, 각 나라를 상징할 만한 그림이나 작은 스티커를 붙이고 그 옆에 나라 이름을 바른 글씨로 써 보는 쓰기 활동으로 연계 지도할 수도 있다. 이 때, 나라 이름이 표기된 세계지도를 사용할 수도 있고, 고학년의 경우, 나라 이름이 표기되지 않은 백지도를 사용하여 교사와 함께 학습한 나라의 위치를 직접 표시해 볼 수도 있다.

마무리하기

1. 학습 내용 정리

① 학습한 나라 이름과 관련된 자료를 제시하고, 중국어로 나라 이름을 말하게 한다.

② 학습한 표현을 우리말로 제시하고 이를 중국어 문장으로 말해 보게 한다.

2. 과제 부여

학습한 나라 이름을 자료를 보지 않고도 말할 수 있도록 연습해 오게 한다.

3 你叫什么名字? 네 이름이 뭐니?

단원 소개 및 학습 내용

중국인들이 사용하는 '小名'을 이해하고, 중국어로 이름을 묻고 답하는 표현을 익힌다.

단원 학습 목표

1. 운모 'e ei en eng'과 관련된 발음을 정확하게 할 수 있다.
2. 중국어로 이름을 묻고 답할 수 있다.

단원 지도 계획

차시	교재 범위	학습 단계	학습 내용
1	36~39쪽	문화	중국 사람들은 이름이 두 개라고요?
		발음	운모 'e ei en eng'과 성모 'd t n l g k h'
		새 단어	본문 새 단어 학습 쓰기 연습(叫, 什么)
2	40~41쪽	회화	이름 묻고 답하기
3	42~43쪽	교체 연습	'叫'와 '贵姓'을 사용한 이름 묻는 표현 익히기
		연습 문제	발음 및 본문 내용 관련 문제 풀기
4	44~45쪽	확장 연습	미로 찾기로 만나서 반갑다는 표현 익히기
		활동	중국어 명함을 만들어요!

학습 목표

- 중국인의 또 다른 이름(小名)을 이해할 수 있다.
- 운모 'e ei en eng'과 성모 'd t n l g k h'를 결합하여 발음할 수 있다.
- 새 단어의 발음과 뜻을 익히고, 획순에 맞게 쓸 수 있다.

수업 준비물

교재, 멀티 CD, 단어 카드

들어가기

1. 지난 시간 복습

① 지난 시간에 만든 국기를 활용하여 선생님이 국기를 들면 학생들이 해당하는 나라 이름을 중국어로 말해 보도록 한다.

② 국적을 묻고 답하는 대화를 나눠 보게 한다.

③ 제3성의 성조 변화에 대해 짚고 넘어간다.

2. 새로 배울 내용 소개

① 그림과 문화 내용을 살펴보면서 이번 단원에서 배울 내용이 무엇인지 유추해 보게 한다.

◆ 그림을 보면 운동장에서 아이들이 자신의 이름이 적힌 머리띠를 두르고 달리기를 하고 있고, 응원단이 아이들의 이름을 부르며 응원하는 모습이 보인다. 머리띠에 적힌 이름과 응원하는 사람들이 부르는 이름이 다름을 확인하고 각자 누구를 응원하는 것인지 연결해 보게 한다. 그리고 왜 다르게 부르는 것인지 설명하며, 자연스럽게 '小名'에 대해 이해하게 한다. 이 밖에도 이름과 관련된 다양한 이야기를 나눌 수 있도록 유도한다.

② 실제 학생들의 생활과 밀접한 관련이 있는 부분을 언급함으로써 흥미를 유발한다.

◆ 친구들이 불러 주는 애칭이 있는지, 식구들끼리 집에서만 부르는 애칭이 있는지 자유롭게 이야기하며 수업 분위기를 조성한다.

③ 새로운 내용을 학습하기에 앞서 가볍게 발음 연습을 하고, 새로운 단어를 익혀 보는 시간임을 알려 준다.

펼치기

- 문화 소개: 샤오밍(小名)

① 본문 내용과 관련된 문화 소재를 활용하여 학습 동기를 부여한다.

◆ 친한 친구의 이름을 부를 때 성(姓)까지 함께 부르면 왠지 어색하고 거리감이 느껴지듯이 중국에서도 친구들 사이에서 성과 이름을 함께 부르면 별로 좋아하지 않는다. 친한 친구 사이에서는 애칭을 불러 주며 친분을 표현한다. 이름 중 한 글자를 따서 반복하여 '밍밍(明明)', '리리(丽丽)', '링링(玲玲)', '랑랑(朗朗)', '씽씽(星星)', '찡찡(静静)' 등으로 부르는 경우가 많다. 하지만 남학생들은 고등학생 정도가 되면 성과 이름을 함께 부른다.
하지만 위에서도 언급했듯이 애칭은 친한 사이에서만 적용되는 것이며 일반적으로는 상대방에 따라 예의를 갖춰 이름을 불러야 한다.

보충

중국어의 호칭법

중국어의 일반적인 호칭법을 간단히 살펴보면, 상대방의 나이가 많거나 예의를 갖춰야 하는 상황에서는 상대방의 성(姓)이나 이름 앞에 '老'를 붙여서 '老金', '老李' 등으로 부른다. 이와는 달리 상대방이 자신보다 어리거나 비슷하면 '小'를 활용해서 '小金', '小李' 등으로 부르면 된다.

念一念 자신 있게 발음해요

1 리듬에 맞춰서 큰 소리로 따라 읽어 보세요.

2 리듬에 맞춰서 재미있는 잰말놀이를 해 보세요.

Gēge kě le	hē kělè
Hē wán kělè	lè hēhē
Kělè kělè	zhēn hǎohē
Hē wán kělè	yào shuāyá

38 3과

② 본문의 문화 내용을 함께 읽어 본다.

③ 이번 과에서 배우는 내용과 연관이 있음을 언급하고 수업을 시작한다.

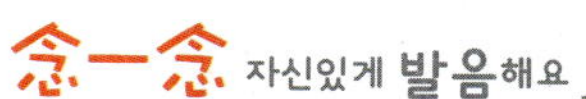 念一念 자신있게 발음해요 

1. 발음 연습

① 녹음을 들려 주고 따라 읽게 한다.

② 쉽게 틀리는 발음이 무엇인지 파악하고 교정해 준다.

◆ 같은 'e' 모양이지만 발음이 다른 예를 충분한 연습을 통해 익히도록 지도한다.

- de te ne le ge ke he [으어]
  '으어'라고 발음하면서 입을 많이 벌리지 않은 상태에서 구강의 뒤쪽에서 발음할 수 있도록 지도한다. 우리말의 '어'처럼 입을 많이 벌리지 않도록 한다.
- dei lei gei hei [에이]
  입을 약간 벌려 '에'를 발음한 후 가볍게 '이'를 발음한다. 우리말의 '에이'처럼 발음하되 뒤의 '이'를 짧고 가볍게 발음한다.
- en[언]과 eng[엉]
  en과 eng은 각각 우리말의 '언', '엉'보다 입을 좀 더 작게 벌려 발음한다.

③ 우리말에 없는 발음 또는 영어와 표기는 같지만 발음이 다른 경우는 특히 주의하여 집중적으로 연습할 수 있도록 한다.

2. 잰말놀이

잰말놀이와 함께 사용할 동작은 교사가 수업에 앞서 미리 준비할 수도 있고, 상황에 따라 학생들과 함께 정할 수도 있다. 리듬 노래의 율동을 결정하는 과정에 학생들이 직접 참여했을 때 교사가 생각하지 못한 훌륭한 아이디어가 모아지는 경험을 할 수 있으며, 학생들은 자신들이 만든 율동이므로 보다 적극적으로 동작을 하고 잘 기억하는 효과를 기대할 수도 있다. 단, 너무 빠르고 복잡한 동작은 피한다.

① 리듬에 맞춰 가볍게 따라 읽게 한다.

② 부정확하거나 쉽게 틀리는 발음이 무엇인지 파악하고 교정한다.

③ 연습 정도에 따라 속도를 조절하여 능숙하게 발음할 수 있도록 지도한다.

④ 간단한 동작이나 율동을 통해서 잰말놀이에 포함된 단어의 뜻을 기억하도록 지도한다.

◆ 교사가 단어나 문법을 학습시키기 위한 목적으로 자세히 설명하기보다 중국어 발음을 자연스럽게 익힐 수 있도록 지도한다.

⑤ 큰 소리로 발음하면서 동작을 함께 해 본다.

⑥ 익숙해지면 속도에 변화를 주면서 연습해 볼 수 있다.

보충

你很高兴你就拍拍手 당신이 기쁠 땐 박수를 쳐요

你很高兴你就拍拍手 Nǐ hěn gāoxìng nǐ jiù pāi pāi shǒu
당신이 기쁠 땐 박수를 쳐요

你很高兴你就拍拍手 Nǐ hěn gāoxìng nǐ jiù pāi pāi shǒu
당신이 기쁠 땐 박수를 쳐요

我们一起唱一唱 Wǒmen yìqǐ chàng yi chàng
우리 같이 노래해 봐요

我们一起跳一跳 Wǒmen yìqǐ tiào yi tiào
우리 같이 춤 춰 봐요

你很高兴你就拍拍手 Nǐ hěn gāoxìng nǐ jiù pāi pāi shǒu
당신이 기쁠 땐 박수를 쳐요

한국 동요 '우리 모두 다 같이 손뼉을'에 맞추어 부르는 노래이다. 제3과의 내용은 전체 흐름상 '새로운 친구를 만나게 되어 기쁘다'는 내용이 있기 때문에 본문을 배우는 중간에 학생들과 함께 즐겁게 불러 볼 수 있다. 제3과의 주요 학습 발음은 운모 'e ei en eng'과 성모 'd t n l g k h'인데, 이 노래 가사에는 부사 '很 hěn'이 자주 사용되었을 뿐 아니라, '박수를 치다', '춤을 추다', '기쁘다' 등 자주 쓰이는 어휘가 출현한다. 노래에 포함된 중국어 상용 어휘를 쉽게 기억하게 하기 위해서는 단어를 떠올릴 수 있는 동작을 학생들과 함께 정해서 노래를 부를 때마다 동작을 해 보도록 지도하는 것도 좋은 방법이다.

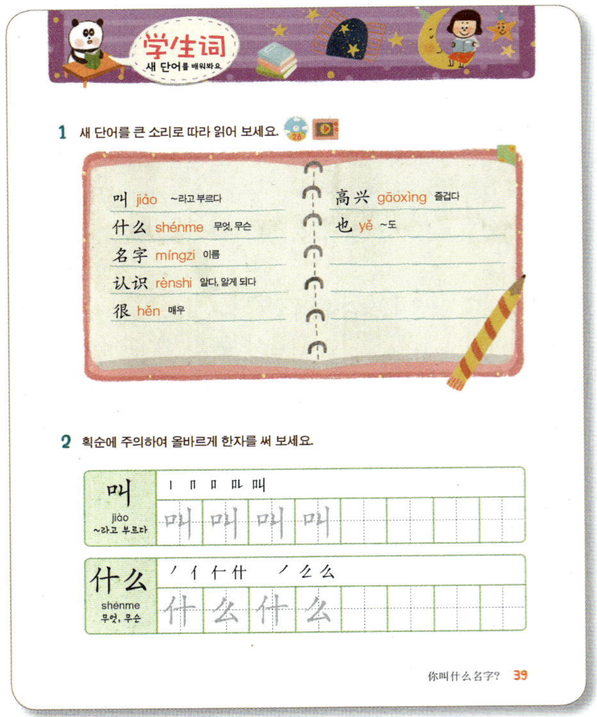

学生词 새 단어를 배워봐요

1. 어휘 학습

① 녹음을 듣고 큰 소리로 따라 읽게 한다.

② 단어의 의미와 주의해야 할 발음을 설명한다.

叫 jiào ~라고 부르다
'주어+叫+이름'의 형식으로 사용되며, '주어는 ~이라고 부른다'라고 해석한다.

什么 shénme 무엇, 무슨
의문대명사 '什么' 뒤에는 의문조사 '吗'가 올 수 없다.

名字 míngzi 이름

认识 rènshi 알다

很 hěn 매우
'매우'라는 뜻의 부사이지만, 보통 큰 의미 없이 습관적으로 형용사와 함께 사용하기 때문에 '매우'라고 강조하며 해석하지 않는 것이 자연스럽다.

也 yě ~도
'也'의 원래 표기는 'ie'인데, 성모 없이 운모 'i'로 음절이 시작할 때는 'i'를 'y'로 바꾸어 표기한다.

③ 녹음을 다시 듣고 따라 읽게 한다.

2. 쓰기 연습

① 교사는 중요 단어를 칠판에 쓰면서 획순을 알려 준다.

② 획순에 주의하여 학생 스스로 써 보도록 한다.

③ 학생들이 잘못 쓰는 글자를 다시 한 번 짚어 준다.

④ 학생이 칠판 앞으로 나와서 교사가 지정해 준 한자를 획순에 맞게 써 보고 발음해 보도록 한다.

叫 부수 口 총 5획

- 왼쪽을 먼저 쓰고, 오른쪽을 쓴다.
- 두 글자가 가로로 합해져서 한 글자가 된 경우이지만, '口'를 작게 써야 한다.

丨 ㄇ 口 口ㄴ 叫

什 부수 亻 총 4획

- 왼쪽을 먼저 쓰고, 오른쪽을 쓴다.

丿 亻 亻一 什

么 부수 丿 총 3획

- 제1획은 오른쪽 위에서 왼쪽 아래 방향으로 쓴다.
- 제2획은 한 획으로 연결하여 쓴다.

丿 ㄥ 么

지도 tip

정확한 서체와 획순에 바탕을 둔 한자 쓰기 지도는 중국어 학습에서 매우 중요한 부분이다. 쓰기 활동을 진행하는 교사는 각 수업에서 추구하는 목적에 따라 학습자의 흥미와 관심을 끌면서 쓰기 학습의 효과를 극대화 시킬 수 있도록 다양한 방법을 활용하여야 한다. 아무리 효과적인 방법이라도 단조롭게 반복되는 쓰기 지도는 싫증을 내기 쉽고 집중 시간이 짧은 아동 학습자에게는 적합하지 않다.

참고 사이트

http://www.yes-chinese.com/tzg/
→ 획순이 포함된 쓰기 활동지를 만들 수 있다.

http://www.shuifeng.net/Dic/html/index141.htm
→ 간체자 획순을 확인할 수 있다.

http://nlp.blcu.edu.cn/others/center/sys/bishun/flash.php
→ 한자의 획순을 확인할 수 있다.

마무리하기

1. 학습 내용 정리

수업 내용과 관련된 질문을 통해 학생들의 이해도를 점검한다. 학생들이 특히 어려워하는 부분이 어디인지 확인하고, 다시 한 번 짚고 넘어간다.

2. 과제 부여

① 38쪽의 '발음 연습'과 '잰말놀이'를 읽어 오게 한다.

② 학습한 단어의 뜻과 한어병음이 익숙해질 수 있도록 멀티 CD (TRACK 26)를 반복해서 듣고 오게 한다.

학습 목표

- 이름을 묻고 답할 수 있다.
- 처음 만났을 때 반가움을 표시하는 인사를 할 수 있다.

수업 준비물

교재, 멀티 CD

들어가기

1. 지난 시간 복습

① 과제를 확인한다.
② 그림 자료나 PPT 등의 시각 자료를 활용하여 지난 차시에 다룬 문화 관련 내용을 확인한다.

2. 새로 배울 내용 소개

① 학습 목표를 소개한다.
② 본문의 그림을 보고 어떤 상황인지 유추해 보도록 한다.

펼치기

一起说 친구들과 대화해요

1. 단어 확인하기

① 단어 카드를 활용하여 지난 시간에 학습한 단어를 읽어 보게 한다. 멀티 CD의 단어 플래시를 활용하여 단어를 복습할 수도 있다.
② 교사가 중국어로 단어를 제시하면 학생들은 우리말로 그 단어의 뜻을 말한다.
③ 학생들이 단어의 뜻을 정확하게 이해했다면 교사는 학생들에게 우리말로 단어를 제시하고, 중국어로 대답해 보게 한다.

2. 녹음 듣고 문장 연습하기

① 녹음을 들려 주고 따라 읽게 한다.
② 문장 단위로 따라 읽게 하고 해석한다.

본문 해석

东海	你叫什么名字? 너는 이름이 뭐니?
惠敏	我叫李惠敏。你呢? 나는 이혜민이야. 너는?
东海	我叫金东海。认识你很高兴。 나는 김동해야. 만나서 반가워.
惠敏	我也很高兴。 나도 반가워.

③ 교재의 문장을 정확한 발음으로 읽어 보도록 한다.

지도 tip

'我也很高兴。'을 말할 때에는 제3성이 세 번 연속되므로 다음과 같이 의미 단위별로 나누어 지도할 수 있다.

我也 / 很高兴 (나도 / 기쁘다)
Wǒ yě / hěn gāoxìng

'我也'는 제3성이 두 번 연속되므로 앞의 제3성을 제2성으로 바꾸어 발음한다.

'很高兴'은 앞에 '很高'가 제3성과 제1성이므로, 앞의 제3성을 반3성으로 발음한다. 이미 2과에서 제3성의 성조 변화에 대해 자세히 다룬 바 있다. 성조 변화의 규칙을 무작정 암기시키기보다는 반복 학습을 통해 자연스럽게 발음할 수 있도록 한다.

	我	也	/	很	高	兴
표기	Wǒ	yě	/	hěn	gāo	xìng

④ 두 사람씩 짝을 지어 대화문을 연습해 보게 한다. 역할을 바꾸어 가면서 연습하도록 지도하여 반복적인 연습이 지루해지지 않도록 주의한다.

◆ 발음이 아직 익숙하지 않은 학습 초기이므로 교사는 학생들의 중국어 이름(한자와 한어병음)이 적힌 명찰 혹은 접착 라벨지를 가슴에 달도록 준비할 수도 있다.
학생들은 활동을 하는 과정에서 상대 친구의 이름을 듣는 동시에 친구의 가슴에 부착된 한어병음 표기를 보면서 한어병음의 발음을 확인할 수 있다. 학생들이 우선 자신의 이름을 정확하게 발음하는 연습을 하고, 상대방이 자신의 이름을 잘못 발음한 경우 정확한 발음으로 상대방의 발음을 교정해 줄 수 있도록 한다. 또래 집단간 교정을 통해 초기 학습자들의 발음 실수나 오류에 대한 부담감을 줄여 주고 정확한 발음을 강화시키는 효과를 도모할 수 있다.
이때 교사는 계속해서 교실을 순회하며 학생들의 활동을 지도해야 한다. 학생들의 적극적인 활동 참여를 칭찬하며, 학생들 상호 간에 교정이 안 되고 있는 발음에 대해서는 교사가 자연스럽게 발음을 들려 주고 학생들이 따라 하도록 하여 발음의 정확도를 높여 준다.
말하기 활동이 어느 정도 익숙해지면 부착했던 이름표를 떼어 내고 다시 한 번 자신의 이름을 말하고 상대방 친구의 이름을 들어 보는 형식으로 진행할 수 있다.

지도 tip

학생들 간의 상호작용을 통해 이루어지는 교정의 효과는 교사의 피드백과 더불어 긍정적으로 나타날 수 있다.
활동을 진행할 때에는 학생들의 긴장감을 해소하고 부담을 덜어 주기 위한 최소한의 완충장치가 필요하며 이 활동에서는 이름표 부착이 바로 그 역할을 담당한다.

⑤ 간체자만 보고 본문을 읽는 연습을 한다.

보충

상대방의 이름을 묻고 답하는 활동만 반복하면 수업이 지루해 질 수도 있으므로, 학생들이 좋아하는 만화 캐릭터 그림을 활용하여 수업의 분위기를 전환할 수 있다. 연습은 간단히 다음과 같이 진행할 수 있다.

(1) 교사가 수업에 앞서 만화 캐릭터의 중국어 표현을 정리하고 PPT를 활용하여 시각 자료화한다. PPT 사용이 불편할 경우에는 칠판에 적어 주거나 카드로 만들어 들고 다니면서 보여 주어도 좋다.

(2) 캐릭터의 그림과 이름을 함께 보여 주면 학생들은 캐릭터를 보면서 아래에 적힌 이름을 읽어 보는 연습을 하고 더 나아가 문장으로 만들어 이야기해 볼 수 있다. 교사가 '他叫什么名字?'라고 물어보면서 '我'와 '你' 외에 '他'를 활용한 문장을 자연스럽게 노출할 수 있다.

예 짱구(蜡笔小新 làbǐ xiǎoxīn) | 바비(芭比 bābǐ) | 스펀지밥(海绵宝宝 hǎimián bǎobǎo) | 스파이더맨(蜘蛛人 zhīzhūrén) | 피카츄(皮卡丘 píkǎqiū) | 아이언맨(铁钢侠 tiěgāngxiá) | 수퍼맨(超级人 chāojírén)

각 학년별 혹은 학생의 성별에 따라 자주 노출되는 만화 캐릭터가 다를 수 있으므로 교사는 평소에 학생들이 어떤 만화를 즐겨 보는지 혹은 유행하는 만화영화나 좋아하는 캐릭터가 어떤 것인지 관심을 가질 필요가 있다. 교사가 학생들과 공통된 관심사가 있고 대화 소재가 있다는 것만으로도 활기차고 즐거운 수업의 분위기 조성은 훨씬 수월해질 수 있기 때문이다.

3. 문장 듣고 해석하기

교사가 읽어 주는 내용을 듣고 우리말로 해석하게 한다.

4. 해석 듣고 중국어 문장으로 말하기

① 실제 대화하는 것처럼 자연스럽게 말하도록 지도한다.

② 짝과 함께 회화 내용을 연습하고, 역할을 바꾸어 반복 연습하도록 지도한다.

마무리하기

1. 학습 내용 정리

학습 내용을 다시 한 번 확인한다. 멀티 CD 회화 애니메이션의 자막을 변경해 가며 회화 내용을 확실히 익혔는지 확인해 볼 수 있다.

2. 과제 부여

본문을 세 번씩 큰 소리로 읽어 오게 한다.

3차시 42~43쪽

학습 목표

- '叫'와 '贵姓'을 활용하여 이름을 묻는 다양한 표현을 익힐 수 있다.
- 처음 만났을 때 반가움을 표현하는 인사를 할 수 있다.

수업 준비물

교재, 음성 자료

들어가기

1. 지난 시간 복습

① 과제를 확인한다.

② 지난 차시 학습 내용을 확인한다.

이름을 묻고 답하는 표현 등을 문답식으로 확인하거나, 상황에 맞는 그림 혹은 PPT 자료를 활용하여 확인한다.

2. 새로 배울 내용 소개

① 학습 목표를 소개한다.

② 주제와 관련된 내용을 소개한다.

중국어의 존대어나 중국과 한국에서 가장 많은 성씨 등을 소개할 수 있다. 혹은 학생들이 이미 알고 있는 우리말의 존대어 표현에는 어떤 것들이 있는지 스스로 발표해 보게 하거나, 학급 학생들의 성씨를 살펴보며 우리 반에 가장 많은 성씨는 두엇인지 함께 알아볼 수도 있다.

보충

중국과 한국에서 가장 많은 성씨

한국과 중국에는 과연 몇 개의 성(姓)씨가 있을까? 우리나라는 약 300개의 성씨가 있고 해마다 조금씩 늘어나고 있다고 한다. 이에 비해 56개의 민족으로 구성된 중국은 1만 개 이상의 성씨가 있는데, 이 중에서 한족(汉族)의 성씨만 살펴보더라도 3,500여 개에 이른다고 한다. 한족의 성씨 중에서 인구 수가 많은 순서대로 세 가지 성씨를 나열하면 '리(李)', '왕(王)', '장(张)'씨로, 3개의 성씨 인구를 모두 합하면 약 3억 명에 달한다. 우리나라는 '김(金)', '이(李)', '박(朴)'씨의 순서로 인구 수가 많다. 한국에서 가장 많은 사람의 성인 '김(金)'은 중국에서는 '찐(金)'으로 발음하는데 '한족(汉族)' 가운데는 드문 성이다.

펼치기

学一学 차근차근 익혀봐요

1. 이름 대답하기

① 녹음을 듣고 정확한 발음으로 따라 읽도록 지도한다.

② 새 단어의 의미를 확인하고 문장으로 연습해 본다.

◆ '杰克', '安娜'와 같은 고유명사의 첫 글자는 대문자로 써야 함을 알려 준다. '杰克', '安娜' 외에도 '丽莎(Lìshā 리사)', '麦克(Màikè 마이크)', '杰夫(Jiéfū 제프)', '玛丽(Mǎlì 메리)' 등의 이름도 예를 들어 설명해줌으로써 학생들의 흥미를 유발할 수 있다.

③ 제시된 문장을 교사와 학생이 번갈아 읽어 본다.

> 我叫金东海。 내 이름은 김동해야.
>
> 밑줄 친 부분을 바꿔서 말해 봐요!
>
> 我叫杰克。 내 이름은 잭이야.
>
> 我叫安娜。 내 이름은 안나야.

지도 tip

자기 이름을 말하는 연습에 그치지 않고 상대방의 이름을 물어 보고, 질문을 받은 학생은 적절한 대답을 하는 대화 형식의 연습은 보다 더 실제적인 언어를 익히기 위한 좋은 방법이다. '我' 대신 '她', '他' 등 다른 주어를 이용하여 타인의 이름을 묻고 대답하는 연습도 할 수 있다.

2. 어른의 성함 여쭤보기

① 녹음을 듣고 정확한 발음으로 따라 읽도록 지도한다.

② 새 단어의 의미를 확인하고 문장으로 연습해 본다.

③ 제시된 문장을 교사와 학생이 번갈아 읽어 본다.

> 您贵姓? 성함이 어떻게 되세요?
>
> 我姓李， 叫娜美。 저는 이씨이고, 이름은 나미에요.

보충

중국어의 존대어

웃어른에게는 존칭 '您 nín'을 사용하지만, 일반적으로 가족 구성원(할아버지, 할머니, 아버지, 어머니)에게는 '您'을 사용하지 않는다.

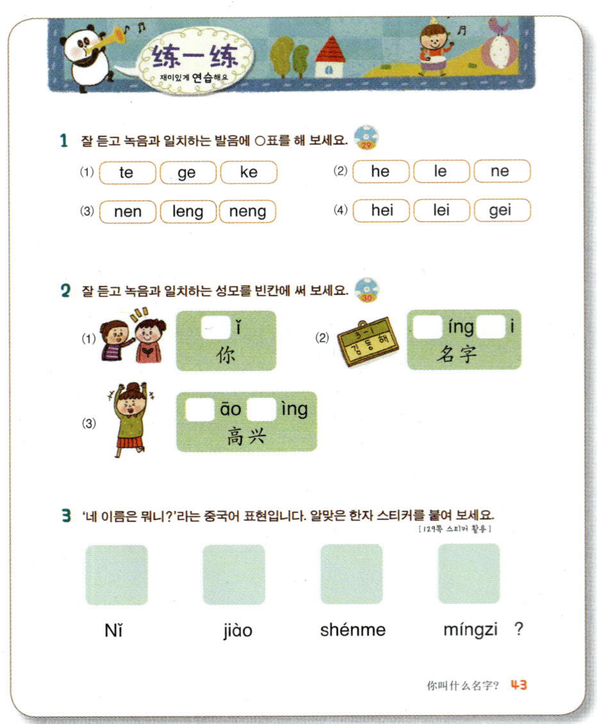
练一练 재미있게 연습해요

1 잘 듣고 녹음과 일치하는 발음에 ○표를 해 보세요.

(1) te ge ke (2) he le ne

(3) nen leng neng (4) hei lei gei

2 잘 듣고 녹음과 일치하는 성모를 빈칸에 써 보세요.

(1) ǐ 你 (2) íng i 名字

(3) āo ìng 高兴

3 '네 이름은 뭐니?'라는 중국어 표현입니다. 알맞은 한자 스티커를 붙여 보세요. [129쪽 스티커 활용]

Nǐ jiào shénme míngzi ?

你叫什么名字? 43

练一练 재미있게 연습해요

1. 녹음과 일치하는 발음에 ○표하기

① 녹음을 들려준 후, 문제를 풀게 한다.
② 정답을 확인하고, 문제 풀이를 한다.
③ 녹음을 다시 한 번 듣고 따라 읽게 한다.

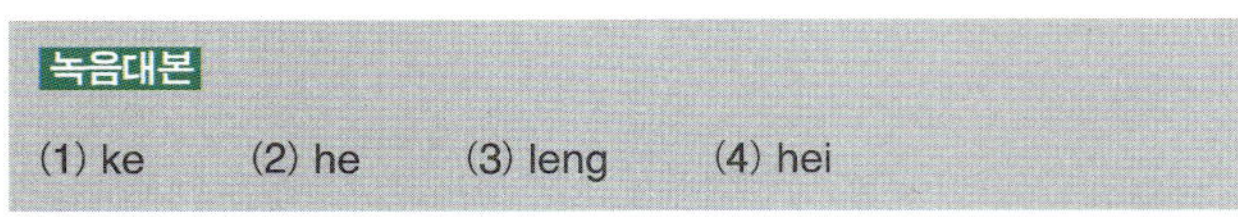
녹음대본

(1) ke (2) he (3) leng (4) hei

[정답] (1) ke (2) he (3) leng (4) hei

◆ 같은 'e'모양이지만 발음이 달라질 수 있음을 충분한 연습을 통해 익히도록 지도한다.
- de te ne le ge ke he [으어]
- dei lei gei hei [에이]
- en [언] | eng [엉]

문제에 제시된 발음 외에도 (1) de ne le he (2) de te ge ke (3) gen ken hen deng teng geng keng heng (4) gei kei의 발음을 추가로 연습해 볼 수 있다. 단, kei의 발음은 존재하기는 하나 사용 빈도가 극히 낮으므로 별도의 연습을 안 해도 무방하다.

2. 녹음과 일치하는 성모를 빈칸에 써 보기

① 녹음을 들려준 후, 문제를 풀게 한다.
② 정답을 확인하고, 문제 풀이를 한다
③ 그림을 보고 단어의 뜻을 이해하고, 큰 소리로 다시 읽어 보게 한다.

녹음대본

(1) nǐ 你 너, 당신 (2) míngzi 名字 이름

(3) gāoxìng 高兴 기쁘다, 즐겁다

[정답] (1) nǐ (2) míngzi (3) gāoxìng

3. 알맞은 한자 스티커를 붙여 중국어 표현 완성하기

① 제시된 단어들을 읽어 보고 129쪽의 스티커를 활용하여 알맞은 순서로 붙여 보게 한다.
② 정답을 확인하고, 문제 풀이를 한다.
③ 완성된 문장을 큰 소리로 읽어 보게 한다.

[정답] 你叫什么名字? Nǐ jiào shénme míngzi?
네 이름은 뭐니?

◆ 시간적 여유가 있을 경우 워크북 문제도 함께 풀어 볼 수 있다. 워크북을 푸는 과정을 통해 학생들에게는 학습한 내용을 한 번 더 확인하는 기회를 제공하고, 교사는 학생들의 이해 정도를 파악하여 필요한 지도를 보충하거나 다음 수업의 난이도를 조정할 수 있다.

마무리하기

1. 학습 내용 정리

① 学一学에서 학습한 내용을 정확히 이해했는지 확인한다.
② 연습 문제에서 학생들이 자주 오류를 범하는 내용에 대해 다시 한 번 정리한다.

2. 과제 부여

이번 시간에 학습한 내용을 자연스럽게 표현할 수 있도록 연습해 오도록 한다.

4차시 44~45쪽

高一高 실력을 쑥쑥 키워요

처음 만난 친구에게 만나서 반갑다는 인사는 어떻게 하죠? 아래 미로에 정답이 숨어 있어요. 미로를 빠져 나가면서 만나는 한어병음을 빈칸에 채워 보세요.

44 3과

학습 목표

- 반가운 감정을 중국어로 표현할 수 있다.
- 중국어 명함을 만들어 이름을 묻고 답하며 서로 소개하는 활동을 할 수 있다.

수업 준비물

교재, 연필, 펜

들어가기

1. 지난 시간 복습
   ① 과제를 확인한다.
   ② 学一学에서 다룬 다양한 표현을 복습한다.

2. 새로 배울 내용 소개
   ① 학습 목표를 소개한다.
   ② 주제와 관련된 내용을 소개한다.

펼치기

高一高 실력을 쑥쑥 키워요

- 만나서 반가워!
  ① 먼저 미로를 살펴보면서 미로 안에 있는 한어병음을 무작위로 가리켜 읽어 보도록 한다.
  ② 만나서 반갑다는 인사는 어떻게 하는지 말해 보게 한다.
  ③ 미로를 따라가며 알맞은 한어병음을 연결시켜 보게 한다.

지도 tip

학생들의 학습 이해도나 연령에 따라 미로 찾기 진행을 다른 방식으로 조정할 수 있다.

방식1)
교사가 불러 주는 발음에 학생들이 먼저 동그라미 표시를 한다.
예 교사: rèn → shi → nǐ → hěn → gāo → xìng

방식2)
제한 시간을 제시하고 시간 내에 미로 찾기를 완성하도록 한다. 이때 책을 찾아보면서 미로 찾기의 해답이 될 문장의 순서를 참고할 수는 있지만, 다른 학생에게 물어보면 안 된다. 스스로의 힘으로 주어진 시간 동안 집중해서 미로 찾기를 완성할 수 있도록 한다.

  ④ 미로 찾기가 완료되면, 함께 문장을 읽어 본다.
  ◆ 문장으로 연습을 할 때에는 '认识'의 '认 rèn'을 'lèn'으로 읽거나 '识 shi'를 'si' 발음과 혼동하지 않도록 주의하여 지도한다. 각각의 단어들이 모여서 성조 변화가 생기는 부분의 발음을 집중 지도한다.

보충

성모 'r'과 'l'

'r'과 'l' 발음의 구분을 위한 발음 연습 예시

- 'r'과 'l'의 개별 연습
  热 rè | 肉 ròu | 然 rán | 认 rèn | 若 ruò | 软 ruǎn | 容 róng
  拉 lā | 来 lái | 老 lǎo | 楼 lóu | 里 lǐ | 聊 liáo | 六 liù | 乱 luàn
- 'r'과 'l'이 함께 있는 발음 연습 예시
  老人 lǎorén | 猎人 lièrén | 泪人 lèirén | 令人 lìngrén
  凌辱 língrǔ | 例如 lìrú

'r'과 'l' 발음의 연습을 위한 어휘들이므로 뜻을 알려 줄 필요는 없다. 한어병음을 보고 각각의 발음과 성조에 유의하여 자신감 있게 큰 소리로 연습하도록 지도한다.

r : 혀끝과 입천장 사이의 좁은 틈으로 공기가 마찰하면서 새어 나오는 소리이며, 성대를 진동하면서 발음해야 한다. 손을 목에 가까이 대어서 성대의 진동을 느낄 수 있도록 한다.

l : 혀끝을 세워서 윗잇몸에 붙이고, 공기를 혀의 측면으로 빠지게 하면서 발음한다. 우리말 받침의 'ㄹ'에 해당한다.

玩一玩 신나게 놀아 봐요

• 중국어 명함을 만들어요!

수업에 앞서 학생들의 한자 이름을 미리 조사하여 정리한 후 중국어 이름으로 불러 보면서 발음을 들려 주고 누구의 이름이었는지 맞춰 보게 할 수 있다. 몇 명의 학생을 지명하여 칠판에 나와서 각자의 중국어 이름을 한어병음으로 쓰게 한 다음, 모두 함께 큰 소리로 읽어 보게 하는 것도 좋은 방법이다.

학생들이 직접 '小名'을 만들기 전에 먼저 교사의 이름을 이용하여 '小名'의 예를 들어 줌으로써 학생들이 쉽게 이해할 수 있도록 한다. 똑같은 이름이 나올 경우를 대비하여, 대체할 수 있는 이름을 미리 준비해 가서 학생들이 선호하는 '小名'을 선택할 수 있도록 한다.

그 외에도 '杰夫', '安娜'와 같이 영어 이름의 중국식 표현을 준비해 갈 수도 있다. 초등학교 저학년 학생들도 이미 자신의 영어 이름은 하나씩 있는 경우가 많으므로, 한자 이름이 어렵게 느껴지면 영어 이름, 별명 등을 활용한 '小名'을 만들어 보는 것도 하나의 방법이다. 교사가 알고 있는 범위를 벗어나는 영어 이름이 있을 수 있으므로 학기초부터 학생들 이름의 한자 혹은 영어 이름 등을 사전 조사를 해두었다가 수업 시간에 활용할 수도 있다.

지도 tip

중국어는 외래어도 중국식 발음으로 표기하는 특징을 갖는다. 학생의 영어 이름을 중국어로 알려 주고 애칭으로 사용하는 것은 중국어의 이러한 특징을 알려 주기 위함이다. 영어 이름의 중국식 발음을 수업 시간에 다루어 주는 것은 어린 연령대의 학습자들의 흥미를 유발하는 효과는 있으나, 특별히 중점을 두어야 할 사항은 아니므로 수업 활용 시 교사의 신중한 고려가 필요하다.

보충

다양한 활동 예시

1. 조별로 나누어 각 조원들은 정해진 순서대로 돌아가며 상대방과 인사하고 자기 이름을 말한다. 첫 조원부터 마지막 조원에 이르기까지 각자의 이름을 정확한 성조와 발음으로 가장 빨리, 틀리지 않고 발표를 마친 조가 이긴다. 학생 수가 적을 경우에는 조를 나누지 않고 자기소개 연습을 하는 방식으로 진행한다.
2. 교실 내에서 학생들의 이동이 포함된 활동을 진행하는 것이 불편할 경우에는 앉은 자리에서 순서를 정해서 활동을 진행한다. 앉은 자리에서 서로 딱딱하지 않은 고무공을 주고 받으면서 인사를 하는 방법은 교실 분위기를 활기차게 만드는 진행 방법 중의 하나이다. 그러나 지나치게 흥분하거나 소란스러운 분위기가 되지 않도록 각별히 주의해야 하며, 공이 아닌 인형이나 작은 물건을 건네주며 활동을 진행할 수도 있다.
3. 이름 관련 단원을 배운 후, 인터넷 사이트를 활용하여 학생들의 도장을 만들어 줄 수도 있다. 말하기와 연관은 없으나, 흥미를 유발하기에는 충분하다. (http://www.zzsky.cn/diy/signet/)

지도 tip

학습자들에게 학습한 내용을 공고히 하고 말하기(표현)의 기회를 제공하기 위해서 교사는 학습 내용 및 목표와 관련된 다양한 활동을 조직하고 진행해야 한다. 활동은 활동에 참여하는 주체에 따라서 크게 '교사-학생', '학생-학생'의 형태로 나눌 수 있다.

학생과 학생이 주체가 되어 진행하는 활동은 대개 두 명이 한 조가 되거나 조별 활동의 방식으로 전개되는데, '교사-학생'의 양방향 활동과 비교했을 때 상대적으로 더 많은 발화 기회를 제공할 수 있다. '학생-학생' 사이에 진행되는 활동의 종류에는 두 명이 한 조가 되어 진행하는 '짝 활동'이 가장 대표적이다. 이 외에도 상대방으로부터 필요한 정보를 알아내고 자신이 가진 정보를 상대방에게 전달하는 '정보 차 활동', 주어진 문제를 해결하는 과정에서 학습 언어를 연습하는 '문제 해결 활동', 연극 등에 참여하는 '역할 놀이 활동' 등이 있다. 이는 모두 말하기 기능의 연습을 위해 자주 활용하는 방법들이다.

마무리하기

1. 학습 내용 정리

학습한 표현을 우리말로 제시하고 이를 중국어로 말해 보게 한다.

2. 과제 부여

① 오늘 연습했던 내용을 가족 앞에서 말해 보거나, 공책에 써 오도록 한다.

② 자신의 학용품이나 교과서 등에 자신의 중국어 이름을 쓰게 할 수도 있다.

4 你家有几口人? 너희 집은 식구가 몇 명이니?

단원 소개 및 학습 내용

중국의 소황제와 같은 가족 문화나 중국의 인구정책에 대해 이해하고, 중국어로 가족의 수를 묻고 답할 수 있다. 더 나아가 다양한 가족 명칭을 익혀 가족 구성원에 대해 소개할 수 있다.

단원 학습 목표

1. 운모 'ia ie iao iu(iou)'와 관련된 발음을 정확하게 할 수 있다.
2. 가족의 수와 가족 구성원에 대해 묻고 답할 수 있다.

단원 지도 계획

차시	교재 범위	학습 단계	학습 내용
1	46~49쪽	문화	중국에는 아직도 황제가 있다?
		발음	운모 'ia ie iao iu(iou)'와 'j q x'
		새 단어	본문 새 단어 학습 쓰기 연습(家, 有)
2	50~51쪽	회화	가족 수 묻고 답하기
			가족 구성원 묻고 답하기
3	52~53쪽	교체 연습	'有'를 활용한 소유를 나타내는 문장 익히기 '口'를 사용하여 가족의 수 표현하기
		연습 문제	발음 및 본문 내용 관련 문제 풀기
4	54~55쪽	확장 연습	다양한 가족 명칭
		활동	가족 소개하기

학습 목표

- 중국의 소황제에 대해 이해할 수 있다.
- 운모 'ia ie iao iu(iou)'와 'j q x'를 결합하여 발음할 수 있다.
- 새 단어의 발음과 뜻을 익히고, 획순에 맞게 쓸 수 있다.

수업 준비물

교재, 멀티 CD

들어가기

1. 지난 시간 복습
   ① 자신의 샤오밍을 활용하여 짝과 함께 인사를 주고 받아 보게 한다.
   ② 이름 묻고 답하기를 문답식으로 확인하거나 이를 활용한 자기 소개를 발표해 보게 한다.
   ◆ 이름, 국적에 대한 표현을 함께 연결하여 좀 더 긴 문장의 연습도 가능하다.

2. 새로 배울 내용 소개
   ① 그림과 문화 내용을 살펴보면서 이번 단원에서 배울 내용이 무엇인지 유추해 보게 한다.
   ② 실제 학생들의 생활과 밀접한 관련이 있는 부분을 언급함으로써 흥미를 유발한다.
   ◆ '형제가 몇 명인지'와 같은 가족 구성원에 대한 이야기를 함으로써 수업 분위기를 조성한다. 단, 편부모 가정, 조손 가정 등의 학생들이 이에 대해 이야기하기를 꺼릴 수도 있으므로 가족 주제를 다룰 때는 항상 주의해야 한다. 학생들에게 가족에 대해 직접적으로 묻거나 가족 사진을 준비해 오게 하는 등의 활동은 가급적이면 지양하는 것이 바람직하다.

펼치기

- 문화 소개 : 소황제(小皇帝)
  ① 본문 내용과 관련된 문화 소재를 활용하여 학습 동기를 부여한다.
  ◆ 14억에 달하는 거대한 인구 때문에 중국 정부는 한 가정에 한 명의 자녀만 낳도록 하는 강력한 인구 정책을 시행해 왔다. '소황제(小皇帝 xiǎohuángdì)'는 1970년대 마오쩌둥이 구상하고, 1980년에 덩샤오핑이 착수한 인구 억제책인 '독생자녀제도(独生子女制度: 한 가정 한 자녀 낳기, 한 자녀 정책)'에서 유래됐다. 실제로 중국의 학교에 가 보면 거의 대부분이 외동딸, 외동아들이다. 온 가족의 사랑을 독차지하고 관심을 한 몸에 받고 성장하는 '소황제'는 밝고 귀염성 있는 성격이지만 가족 구성원들로부터 조건 없이 '받는 것'에만 익숙해져 있고 부모의 과보호 때문에 의지가 약하고 이기적인 경우가 많다. 이러한 '소황제'를 보고 타인에 대한 배려심이 부족하다는 우려와 자성의 목소리가 들리기도 한다.
  '소황제'를 비꼰 말로 '쓰얼이하이즈(四二一孩子)'라는 표현도 있다. '쓰얼이하이즈'는 친조부·친조모·외조부·외조모(4명), 부모(2명)가 하나 뿐인 손자, 손녀를 위해 지극히 정성 들여 보살피는 상황을 빗댄 표현이다.
  2000년대에 들어서면서 장기간에 걸친 산아제한 정책으로 출산율이 저하되고 고령화가 급속하게 진행되는 등의 문제가 야기되어, 한 자녀 정책에 대한 완화 정책을 2015년부터 시행하기로 공식 의결되었다.
  ② 본문의 문화 내용을 함께 읽어 본다.
  ③ 이번 과에서 배우는 내용과 연관이 있음을 언급하고 수업을 시작한다.

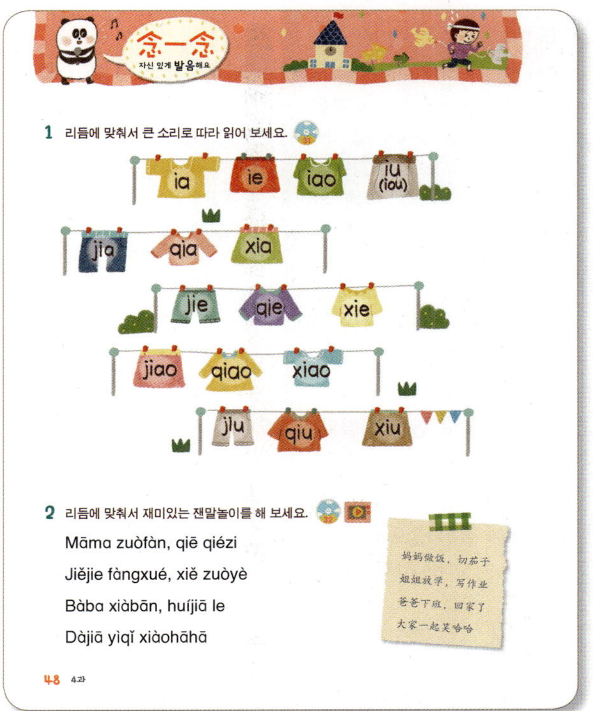
念一念 자신 있게 발음해요

1 리듬에 맞춰서 큰 소리로 따라 읽어 보세요.

ia ie iao iu(iou)

jia qia xia

jie qie xie

jiao qiao xiao

jiu qiu xiu

2 리듬에 맞춰서 재미있는 잰말놀이를 해 보세요.

Māma zuòfàn, qiē qiézi

Jiějie fàngxué, xiě zuòyè

Bàba xiàbān, huíjiā le

Dàjiā yìqǐ xiàohāhā

妈妈做饭，切茄子
姐姐放学，写作业
爸爸下班，回家了
大家一起笑哈哈

48 4과

보충

소공주(小公主)

귀여움을 받으며 응석받이로 자란 '소황제(小皇帝)'가 있다면, 반대로 여자아이를 지칭하는 표현도 있다. 집에서 부모와 노인들에게 응석받이로 자란 여자아이를 가르켜 '소공주(小公主)'라고 한다. 형제 없이 혼자 온 가족의 사랑을 독차지하며 자라다 보니 버릇이 없고 의지가 약하며 다른 사람을 배려하는 마음이 부족한 아이들이 많다. 부모 세대와는 달리 중국이 개혁·개방을 표방한 후 도입된 시장경제 체제 아래에서 급속한 경제 성장의 혜택을 누리며 물질적으로 풍요롭게 성장한 세대로, 개인주의적·소비지향적 성향과 개방적·합리적 사고방식을 지니고 있다.

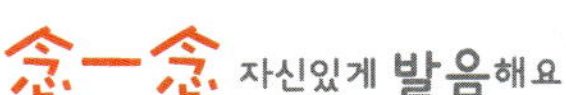

念一念 자신있게 발음해요

1. 발음 연습

① 녹음을 들려 주고 따라 읽게 한다.

② 쉽게 틀리는 발음이 무엇인지 파악하고 교정해 준다.

◆ 구강 단면도 등의 시각적 자료를 활용하며 설명하면 학생들이 더 쉽게 이해하도록 도울 수 있다.

- 'i'와 결합한 운모 'ia ie iao iu(iou)'는 입술을 펴서 'i'를 발음한 후 뒷부분의 모음을 바로 연결하여 발음한다. 'i' 뒤에 오는 'e'는 우리말 '에'와 비슷한 발음이다.
- 초급 학습자들에게는 발음 규칙을 지나치게 강조하는 것보다는 '姐姐 jiějie', '谢谢 xièxie'와 같이 자주 쓰이는 대표적인 단어를 활용한 반복 연습을 통해 자연스럽게 익힐 수 있도록 지도한다.
- 'iou'는 성모와 결합하면 가운데 'o'를 생략하여 표기하지만, 'o'의 발음이 완전히 탈락된 것은 아니므로, 주의하여 발음을 지도한다.
  예 九 jiǔ | 六 liù | 休息 xiūxi
- 혓바닥소리(설면음, 舌面音) 'j q x'는 각각 우리말의 'ㅈ', 'ㅊ', 'ㅅ'과 비슷하다. 'q'는 강한 압력으로 혀의 앞면을 입천장에서 살짝 떼면서 발음하고, 'x'는 혀의 앞면을 입천장 가까이에 대고 그 틈으로 공기를 마찰시켜 발음한다.

2. 잰말놀이

잰말놀이를 통해 중국어 발음에 익숙하지 않은 학생들이 흥미를 갖도록 할 수 있다. 처음에는 천천히 읽게 하고, 성취도에 따라서 점차 빠르게 읽을 수 있도록 지도한다.

① 리듬에 맞춰 가볍게 따라 읽게 한다.

② 부정확하거나 쉽게 틀리는 발음이 무엇인지 파악하고 교정한다.

③ 연습 정도에 따라 속도를 조절하여 능숙하게 발음할 수 있도록 지도한다.

④ 간단한 동작이나 율동을 통해서 잰말놀이에 포함된 단어의 뜻을 기억하도록 지도할 수 있다. 문법이나 단어 학습에 비중을 두기보다는 학습자가 정확한 중국어 발음을 자연스럽게 익힐 수 있도록 지도한다.

◆ 지도의 예

妈妈做饭，切茄子	밥을 하며 칼로 가지를 써는 동작을 취한다.
姐姐放学，写作业	학교를 마친 후, 숙제를 하는 동작을 한다.
爸爸下班，回家了	퇴근 후, 손목시계를 가리키며 뛰어가는 동작을 한다.
大家一起笑哈哈	모두가 함께 크게 하하 웃는 동작을 한다.

⑤ 큰 소리로 발음하면서 동작을 함께 해 본다.

⑥ 익숙해지면 속도에 변화를 주면서 연습해 볼 수 있다.

보충

鞋子和茄子 xiézi hé qiézi 신발과 가지

一个孩子 Yí ge háizi 한 아이가

拿双鞋子 Ná shuāng xiézi 신발 한 켤레를 들고 가는데

看见茄子 Kàn jiàn qiézi 가지를 발견하고는

放下鞋子 Fàng xià xiézi 신발을 내려놓고

去拾茄子 Qù shí qiézi 가지를 주우러 가더니

忘了鞋子 Wàng le xiézi 신발은 잊어 버렸네

본 단원의 주요 학습 발음은 운모 'ia ie iao iu(iou)'와 성모 'j q x'이다. 위의 잰말놀이에서는 'j q'와 'ie'의 결합이 자주 사용되었다. 발음 연습을 위한 잰말놀이이므로 해석 없이 발음의 정확도에 신경을 써서 연습해도 무방하다.

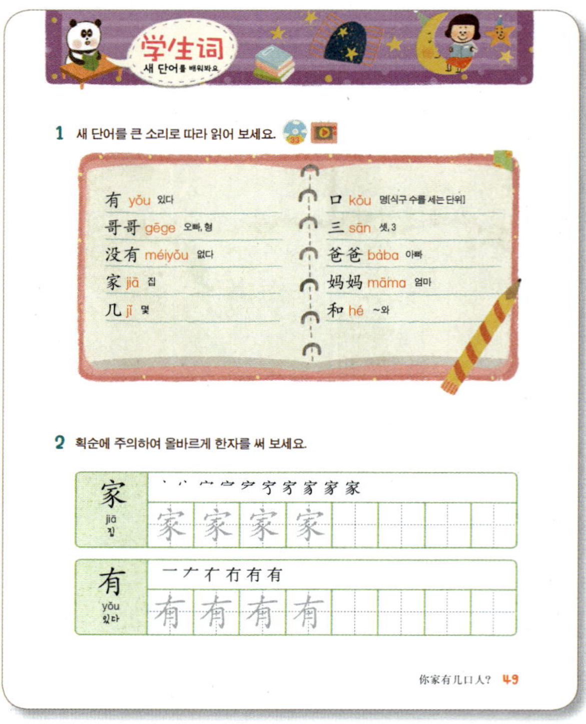
学生词 새 단어를 배워봐요

1 새 단어를 큰 소리로 따라 읽어 보세요.

有 yǒu 있다
哥哥 gēge 오빠, 형
没有 méiyǒu 없다
家 jiā 집
几 jǐ 몇
口 kǒu 명[식구 수를 세는 단위]
三 sān 셋, 3
爸爸 bàba 아빠
妈妈 māma 엄마
和 hé ~와

2 획순에 주의하여 올바르게 한자를 써 보세요.

家 jiā 집
有 yǒu 있다

你家有几口人? 49

지도 tip

한자는 뜻 글자이므로, 한자를 보면 그 대략의 뜻을 알 수 있다. 예를 들면 '爸爸', '爷爷'는 성인 남자 어른을 나타내므로 '父'가, '奶奶', '妈妈', '姐姐', '妹妹' 등의 한자에는 여자를 나타내는 '女'가 공통적으로 들어간다.
이처럼 쓰기를 지도하는 경우에는 간체자가 복잡하거나 어려운 획으로 이루어진 것이 아니라 일정한 의미를 가진 공통적인 부분이 있음을 이해시킨다. 교사는 한자를 꾸준히 노출시켜 주고 한자에 대한 부담감을 줄여 줄 수 있도록 노력해야 한다.

学生词 새 단어를 배워봐요

1. 어휘 학습

① 녹음을 듣고 큰 소리로 따라 읽게 한다.
② 단어의 의미와 주의해야 할 발음을 설명한다.

> **有** yǒu 있다
> 소유나 존재를 나타낸다. 소유를 나타낼 때 '有+명사' 형식으로 쓰인다.
>
> **哥哥** gēge 형, 오빠
> 우리말에는 '형'과 '오빠'가 구별되지만 중국어에서는 구별이 없음을 비교해서 설명해 준다.
>
> **没有** méiyǒu 없다
> 소유의 부정을 나타낸다. 동사 '有'의 부정이 '没有'임을 강조한다.
>
> **几** jǐ 몇
> 10 이하의 숫자를 세는 경우에 사용한다. 10 이상의 수를 물을 때는 주로 '多少'를 쓴다.
>
> **口** kǒu 가족의 수를 세는 양사
> 사람을 셀 때 자주 쓰는 양사는 '个'이지만 가족 수를 셀 때는 일반적으로 '口'를 쓴다.
>
> **爸爸** bàba 아빠
> 같은 음이 중첩된 명사나 동사의 두 번째 음절은 경성으로 읽는다.
> 예 妈妈 | 爷爷 | 奶奶 | 哥哥 | 姐姐 | 弟弟 | 妹妹
>
> **和** hé ~와
> 가족 구성원의 순서를 나열하여 말하는 대부분의 경우, 가장 마지막 단어의 앞 부분에 '그리고'의 의미에 해당하는 '和'를 넣도록 한다.

③ 녹음을 다시 듣고 따라 읽게 한다.

2. 쓰기 연습

① 교사는 중요 단어를 칠판에 쓰면서 획순을 알려 준다.
② 획순에 주의하여 학생 스스로 써 보도록 한다.
③ 학생들이 잘못 쓰는 글자를 교정해 준다.
④ 학생이 칠판 앞으로 나와서 교사가 지정해 준 한자를 획순에 맞게 써 보고 발음해 보도록 한다.

부수 宀 총 10획

- 위에서 아래로 쓴다.
- 가운데 부분을 갈고리형으로 올려 쓴 다음, 왼쪽에서 오른쪽으로 균형 있게 쓴다.

丶 丶 宀 宀 宁 宇 家 家 家 家

有 부수 月 총 6획

- 가로획을 먼저 쓴다.
- 위에서 아래로 삐침을 길게 쓴다.
- 테두리를 먼저 그리고 나머지 부분을 위에서 아래로 쓴다.

一 ナ 𠂇 有 有 有

참고 사이트

http://www.yes-chinese.com/tzg/
→ 획순이 포함된 쓰기 활동지를 만들 수 있다.

http://www.shuifeng.net/Dic/html/index141.htm
→ 간체자 획순을 확인할 수 있다.

마무리하기

1. 학습 내용 정리

수업 내용에 관한 질문을 통해 학생들의 이해도를 점검한다. 학생들이 특히 어려워하는 부분이 어디인지 확인하고, 다시 한 번 짚고 넘어간다.

2. 과제 부여

① 48쪽의 '발음 연습'과 '잰말놀이'를 읽어 오게 한다.
② 학습한 단어의 뜻과 한어병음이 익숙해질 수 있도록 멀티 CD (TRACK 33)를 반복해서 듣고 오게 한다.

학습 목표

- 중국어로 가족의 수를 묻고 답할 수 있다.
- 중국어로 가족 구성원에 대해 말할 수 있다.

수업 준비물

교재, 멀티 CD

들어가기

1. 지난 시간 복습
   ① 과제를 확인한다.
   ② 그림 자료나 PPT 등의 시각 자료를 활용하여 지난 차시에 다룬 문화 관련 내용을 확인한다.

2. 새로 배울 내용 소개
   ① 학습 목표를 소개한다.
   ② 본문의 그림을 보고 어떤 상황인지 유추해 보도록 한다.

펼치기

 친구들과 **대화**해요 

1. 단어 확인하기
   ① 단어 카드를 활용하여 지난 시간에 학습한 단어를 읽어 보게 한다. 멀티 CD의 단어 플래시를 활용하여 단어를 복습할 수도 있다.
   ② 교사가 중국어로 단어를 제시하면 학생들은 우리말로 그 단어의 뜻을 말한다.
   ③ 학생들이 단어의 뜻을 정확하게 이해했다면 교사는 학생들에게 우리말로 단어를 제시하고, 중국어로 대답해 보게 한다.

2. 녹음 듣고 문장 연습하기
   ① 녹음을 들려 주고 따라 읽게 한다.
   ② 문장 단위로 따라 읽게 하고 해석한다.

본문 해석

大卫 你有哥哥吗?
너는 형이 있니?

东海 我没有哥哥。
나는 형이 없어.

大卫 你家有几口人?
너희 가족은 몇 명이니?

东海 我家有三口人，爸爸、妈妈和我。
우리 가족은 세 명이야. 아빠, 엄마 그리고 나야.

보충

문장 부호 '、(顿号)'

우리말에는 없는 문장 부호인 '、(顿号)'는 대등한 단어나 구문을 병렬할 때 쓰여 가벼운 쉼을 나타내는 문장 부호이다. 여러 개의 명사를 병렬하는 경우, 명사 사이에 '、'를 넣고, 제일 마지막 명사 앞에는 일반적으로 '和'를 쓴다.

형식: A、B、C和D。

예 A: 你家都有什么人? 너희 집에 누구누구 있어?
B: 爷爷、爸爸、妈妈和我。할아버지, 아빠, 엄마 그리고 나야.

예 A: 你家有几口人? 너희 가족은 몇 명이니?
B: 我家有五口人。奶奶、爸爸、妈妈、姐姐和我。
우리 가족은 다섯 명이야. 할머니, 아빠, 엄마, 언니 그리고 나야.

가족 수와 가족 구성원을 묻는 표현

가족의 수를 물을 때는 '你家有几口人?'으로 묻고, 가족의 구성원이 어떻게 되는지를 물을 때는 '你家都有什么人?'으로 물을 수 있다. 한편 가족 구성원을 말할 때는 일반적으로 다른 식구를 순서대로 말하고 자신은 마지막에 말한다.

숫자 표현

숫자 관련 표현은 5과에서 배울 예정이지만, 가족의 수를 말하기 위해서는 최소 1부터 10까지의 숫자는 어떻게 표현하는지 미리 가볍게 익힐 필요가 있다.

一 yī 1, 하나 | 二 èr 2, 둘 | 三 sān 3, 셋 | 四 sì 4, 넷
五 wǔ 5, 다섯 | 六 liù 6, 여섯 | 七 qī 7, 일곱 | 八 bā 8, 여덟
九 jiǔ 9, 아홉 | 十 shí 10, 열

③ 교재의 문장을 정확한 발음으로 읽어 보도록 한다.

◆ 가족 명칭은 제1, 2, 3, 4성과 경성의 성조 연습을 할 때 교사들이 자주 사용하는 주제이기도 하다. 가족 명칭을 처음 배울 때부터 각 성조와 경성의 결합에 대한 연습을 충분히 함으로써 향후 학습에 도움이 될 수 있도록 지도한다. 대부분의 가족 명칭은 중첩된 2음절이다. 이 중 두 번째 음절은 경성으로 발음해야 하는데, 단어가 아닌 문장으로 읽을 때 학생들이 길게 읽는 경우도 있으므로 유의하여 지도한다. 경성은 앞에 위치하는 성조의 위치에 따라 경성의 높이가 다르게 발음되지만 중국어 수준이 기초 단계인 학습자들에게 너무 자세한 설명은 오히려 부담을 줄 수 있으므로 교사 스스로 숙지하고 자연스러운 연습을 통해 학생들이 익힐 수 있도록 지도하는 것이 바람직하다.

④ 짝끼리 혹은 모둠별로 대화문을 연습하도록 한다. 역할을 바꾸어 가면서 연습하도록 지도하여 반복적인 연습이 지루해지지 않도록 지도한다.

⑤ 한어병음을 보지 않고 본문을 읽는 연습을 한다.

지도 tip

초등학생을 대상으로 하는 중국어 수업에서는 학습자의 이해를 돕고 쉽게 기억할 수 있도록 문법적인 용어를 사용한 설명은 지양한다. 특히 저학년의 경우 추상적인 표현에 대한 사고 능력이 부족한 단계이기 때문에 영어에 비해 생소한 중국어를 배우는 과정에서 문법 용어까지 접하게 되면 내용 자체에 대한 이해 정도도 낮아질 뿐 아니라 언어 학습 자체에 대해 거부감을 느낄 수 있다. 따라서 학습자의 연령 및 이해 수준에 따른 문법 설명이 필요하다.

예를 들어, '几'가 있는 부분을 설명할 때마다 교사는 목소리 톤이나 강약에 변화를 주어 '몇'이라고 설명한다거나, 우리말 문장을 중국어 문장으로 바꿔 보는 연습을 할 때는 '吗'가 들어가는 부분을 교사가 의도적으로 목소리 톤을 높여서 '~이니?'라고 설명한다. 이처럼 문법 자체를 설명하기보다는 간단하고 짧은 예문을 통한 충분하고 쉬운 설명이 필요하다.

보충

오빠와 형은 똑같다?

자신보다 나이가 많은 형제를 부를 때 우리나라에서는 본인의 성별에 따라 형/오빠, 누나/언니 등으로 구분하여 부른다. 하지만 중국에서는 손위 형제를 부를 때 본인의 성별에 상관없이 哥哥, 姐姐로 부른다. 남동생, 여동생은 각각 弟弟, 妹妹라고 하며 말하는 이의 성별에 따른 개별적인 호칭은 없다.

3. 문장 듣고 해석하기

교사가 읽어 주는 내용을 듣고 우리말로 해석하게 한다.

지도 tip

해석에 익숙해지기 전에는 의역이 아닌 직역을 통해 각 단어의 뜻을 정확하게 기억할 수 있도록 충분히 지도한다. 예를 들어 '你家有几口人?'을 처음에는 '너, 집, 있다, 몇, 명, 사람' 이라고 각각의 단어로 확인하고 '너의 집, 있다, 몇 사람'으로 좀 더 크게 묶어서 설명을 한다.

전체 문장의 해석을 의역하여 실제로 우리말의 어떤 표현과 일치하는지 알려 줄 수도 있다.

먼저 우리나라에서는 상대방의 가족 수를 알고 싶을 때 어떻게 질문을 하는지 학생에게 질문한다. 학생들이 '가족이 몇 명이니?', '가족이 몇이니?' 등의 대답을 한다면 그 표현을 중국어로는 '你家有几口人?'이라고 말한다고 정리해 줄 수 있다.

모든 부분을 자세하게 설명하기보다는 오히려 통문장으로 익히도록 지도하는 것이 어린 연령의 학습자들의 이해를 도울 수 있다.

수업 시간에 수시로 학생들의 이해 여부를 체크하고, 학생들이 모르거나 어려워하는 부분에 대해서는 교사가 다시 한 번 설명해 주어 질문이 자유로운 학습 분위기를 조성하도록 한다.

4. 해석 듣고 중국어 문장으로 말하기

① 실제 대화하는 것처럼 자연스럽게 말하도록 지도한다.

② 짝과 함께 회화 내용을 연습하고, 역할을 바꾸어 반복 연습하도록 지도한다.

마무리하기

1. 학습 내용 정리

학습한 내용을 다시 한 번 확인한다. 멀티 CD 회화 애니메이션의 자막을 변경해 가며 회화 내용을 확실히 익혔는지 확인해 볼 수 있다.

2. 과제 부여

① 본문을 세 번씩 큰 소리로 읽어 오게 한다.

② 짝과 함께 역할을 분담하여 대화하는 연습을 해 오게 한다.

3차시 52~53쪽

学一学 차근차근 익혀봐요

'有……吗?'는 '~가 있습니까?'라는 표현이에요. 있으면 '有', 없으면 '没有'를 사용해서 답을 합니다.

你有哥哥吗? Nǐ yǒu gēge ma? 너는 형이/오빠가 있니?

我有哥哥。 Wǒ yǒu gēge. 나는 형이/오빠가 있어.

姐姐 jiějie 누나, 언니　妹妹 mèimei 여동생　弟弟 dìdi 남동생

가족 수를 셀 때는 '口'를 사용해요.

我家有三口人。 Wǒ jiā yǒu sān kǒu rén. 우리 가족은 세 명이야.

五 wǔ 다섯　四 sì 넷

52 4과

학습 목표

- '有'를 활용하여 소유를 나타내는 문장을 말할 수 있다.
- '口'를 사용하여 가족의 수를 말할 수 있다.

수업 준비물

교재, 음성 자료

들어가기

1. 지난 시간 복습
   ① 과제를 확인한다.
   ② 지난 차시 학습 내용을 확인한다.
   가족의 수와 가족구성원에 대해 묻고 답하는 표현 등을 문답식으로 확인하거나, 상황에 맞는 그림 혹은 PPT 자료를 활용하여 확인한다.

2. 새로 배울 내용 소개
   ① 학습 목표를 소개한다.
   ② 주제와 관련된 내용을 소개한다.
   중국과 한국의 가족 호칭 차이 혹은 가족 수를 설명할 수 있다.

펼치기

学一学 차근차근 익혀봐요

1. '有'를 활용하여 가족 구성원 묻고 답하기
   ① 녹음을 듣고 정확한 발음으로 따라 읽도록 지도한다.
   ② 새 단어의 의미를 확인하고 문장으로 연습해 본다.
   ③ 제시된 문장을 교사와 학생이 번갈아 읽어 본다.

> 你有哥哥吗? 너는 오빠가/형이 있니?
> 我有哥哥。 나는 오빠가/형이 있어.
>
> 밑줄 친 부분을 바꿔서 말해봐요!
> 你有姐姐吗? 너는 언니가/누나가 있니?
> 我有姐姐。 나는 언니가/누나가 있어.
>
> 你有妹妹吗? 너는 여동생이 있니?
> 我有妹妹。 나는 여동생이 있어.
>
> 你有弟弟吗? 너는 남동생이 있니?
> 我有弟弟。 나는 남동생이 있어.

보충

有 & 没有

긍정으로 묻고 답하는 연습을 마친 후, '有'의 부정형 '没有'를 활용한 문장을 연습할 수 있다.

예 我有妹妹。 나는 여동생이 있어.
我没有妹妹。 나는 여동생이 없어.

학생들이 '不'를 활용하여 부정형을 만드는 경우가 종종 발생하므로, 충분한 연습을 통해 '有'의 부정형이 '没有'라는 것을 정확하게 기억하도록 지도한다.

2. '口'를 활용하여 가족의 수 표현하기
   ① 녹음을 듣고 정확한 발음으로 따라 읽도록 지도한다.
   ② 새 단어의 의미를 확인하고 문장으로 연습해 본다.
   ③ 제시된 문장을 교사와 학생이 번갈아 읽어 본다.

> 我家有三口人。 우리 가족은 세 명이야.
>
> 밑줄 친 부분을 바꿔서 말해봐요!
> 我家有五口人。 우리 가족은 다섯 명이야.
> 我家有四口人。 우리 가족은 네 명이야.

보충

양사 口 & 个

'口'는 가족 수를 셀 때 사용하는 양사이다. 사람을 세는 일반적인 양사 '个'와 식구를 세는 양사가 다름을 충분히 연습한다. 가족은 '한솥밥을 먹는 사이'이기 때문에 특별하게 양사 '口'를 사용해서 세는 것이라는 설명을 덧붙여 학생들의 이해를 도울 수 있다.

口 : 六口人 여섯 식구 | 四口人 네 식구
个 : 一个哥哥 형/오빠 한 명 | 一个弟弟 남동생 한 명

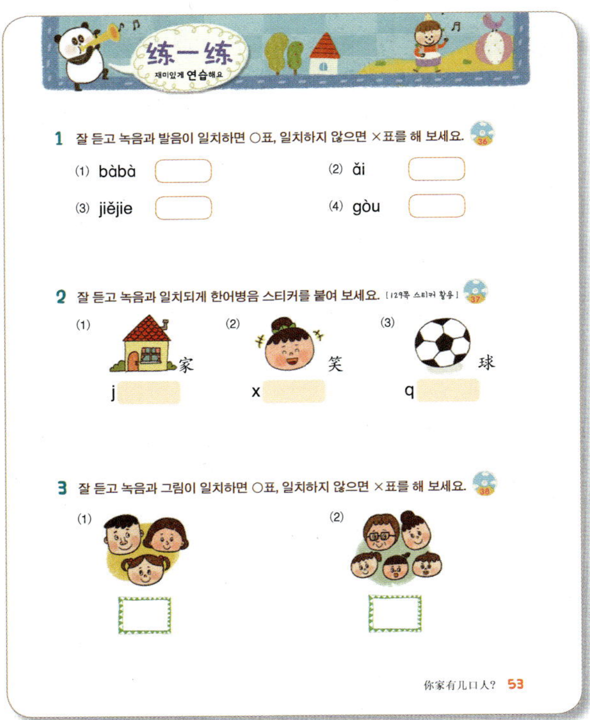
练一练 재미있게 연습해요

1 잘 듣고 녹음과 발음이 일치하면 ○표, 일치하지 않으면 ×표를 해 보세요.

(1) bàbà (2) ǎi

(3) jiějie (4) gòu

2 잘 듣고 녹음과 일치되게 한어병음 스티커를 붙여 보세요. [129쪽 스티커 활용]

(1) 家 j (2) 笑 x (3) 球 q

3 잘 듣고 녹음과 그림이 일치하면 ○표, 일치하지 않으면 ×표를 해 보세요.

(1) (2)

你家有几口人? 53

练一练 재미있게 연습해요

1. 잘 듣고 녹음과 발음이 일치하는지 판단하기

① 녹음을 들려준 후, 문제를 풀게 한다.
② 정답을 확인하고, 문제 풀이를 한다.
③ 녹음을 다시 한 번 듣고 따라 읽게 한다.

녹음대본

(1) bàba 爸爸 아빠 (2) ǎi 矮 (사람의 키가) 작다
(3) jiějie 姐姐 언니, 누나 (4) gǒu 狗 개

[정답] (1) × (2) ○ (3) ○ (4) ×

2. 녹음과 일치하는 한어병음 스티커 붙이기

① 녹음을 들려 주고 빈칸에 알맞은 한어병음 스티커를 붙이게 한다.
② 그림을 보고 단어의 뜻을 이해하고, 큰 소리로 읽어 보게 한다.

녹음대본

(1) jiā 家 집 (2) xiào 笑 웃다 (3) qiú 球 공

[정답] (1) jiā (2) xiào (3) qiú

지도 tip

성조 표기 연습을 위한 활동지 제작은 교사가 지도하는 학습자의 연령 및 중국어 수준에 따라 다소 차이가 있다.

연습 초기에는 교사가 성조까지 흐리게 표시된 활동지를 만들어서 학습자가 단순하게 따라 쓰기를 할 수 있도록 지도하고, 각 성조를 구분하는 능력을 길러 준다. 점차 익숙해지면 학습자 스스로가 성조를 표기해야 하는 위치를 찾아서 정확하게 표기할 수 있도록 활동지 구성 방식의 변화가 필요하다.

또한 성조를 연습할 때 일반적으로 교사는 손이나 팔을 사용하여 각 성조의 높이가 서로 차이가 있다는 점과 발음을 하면서 성조가 동일한 높이로 유지되는지, 점점 높아지는지, 낮아졌다가 다시 높아지는지 또는 높았다가 낮아지는지 등을 가시적으로 보여 준다. 대부분의 경우 제1성을 표현하는 손의 높이는 가슴 높이에서 진행한다. 한국인의 발음에서 자주 드러나는 문제점은 제1성은 충분히 높지 않고, 제3성은 충분히 낮지 않다는 점이다. 따라서 학생들이 제1성의 특징을 살려서 높고 길게 발음하도록 지도하기 위해서는 교사가 보여 주는 손의 높이 역시 더 높은 위치에서 제시해 주어야 한다.

교사가 별도의 설명을 하지 않더라도 보다 더 높은 위치에서 수신호를 제공하는 것만으로도 학생들의 성조 발성에는 충분한 교정 효과가 나타난다.

3. 잘 듣고 녹음과 그림이 일치하는지 판단하기

① 녹음을 들려준 후, 문제를 풀게 한다.
② 정답을 확인하고, 문제 풀이를 한다.
③ 녹음을 다시 한 번 듣고 따라 읽게 한다.

녹음대본

(1) 我家有三口人。爸爸、妈妈和我。
Wǒ jiā yǒu sān kǒu rén. Bàba、māma hé wǒ.
우리 집은 세 식구야. 아빠, 엄마 그리고 나야.

(2) 我家有四口人。爸爸、妈妈、姐姐和我。
Wǒ jiā yǒu sì kǒu rén. Bàba、mama、jiějie hé wǒ.
우리 집은 네 식구야. 아빠, 엄마, 언니 그리고 나야.

[정답] (1) ○ (2) ×

⑵번 그림에 알맞은 중국어 표현을 말해 보게 한다. 시간적 여유가 있을 경우 워크북 문제도 함께 풀어 볼 수 있다. 워크북을 푸는 과정을 통해 학생들에게는 학습한 내용을 한 번 더 확인하는 기회를 제공하고, 교사는 학생들의 이해 정도를 파악하여 필요한 지도를 보충하거나 다음 수업의 난이도를 조정할 수 있다.

마무리하기

1. 학습 내용 정리

① 学一学 에서 학습한 내용을 정확히 이해했는지 확인한다.
② 연습 문제에서 학생들이 자주 오류를 범하는 문제에 대해 다시 한 번 정리한다.

2. 과제 부여

이번 시간에 학습한 내용을 자연스럽게 표현할 수 있도록 연습해 오도록 한다.

4차시
54~55쪽

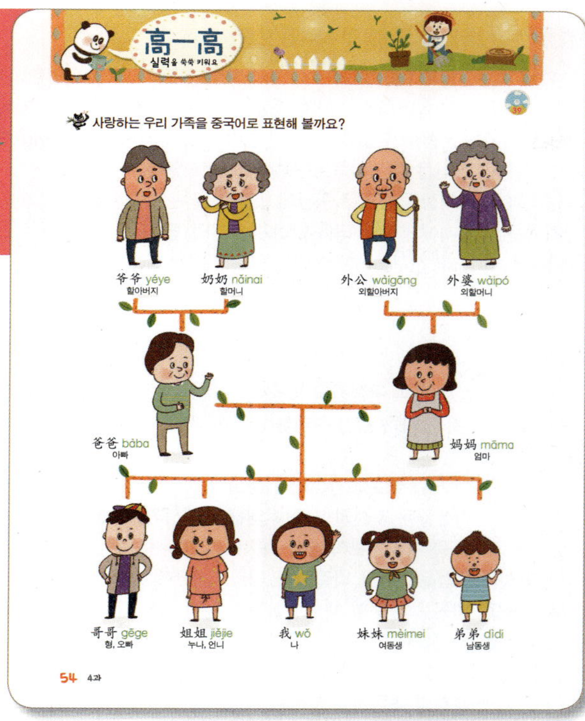

학습 목표

- 다양한 가족 명칭을 중국어로 말할 수 있다.
- 나의 상상 가족도를 만들고 중국어로 소개할 수 있다.

수업 준비물

교재, 종이, 펜, 색연필

들어가기

1. 지난 시간 복습
   ① 과제를 확인한다.
   ② **学一学**에서 다룬 다양한 표현을 복습한다.

2. 새로 배울 내용 소개
   ① 학습 목표를 소개한다.
   ② 주제와 관련된 내용을 소개한다.

펼치기

高一高 실력을 쑥쑥 키워요

- 가족 명칭 익히기
  ① 녹음을 듣고 정확한 발음으로 따라 말하도록 지도한다.
  ② 교재를 보며 학생 스스로 읽어 보게 한다.
  ③ 학습한 단어를 활용하여 짝과 가족 구성원에 대해 묻고 답하는 연습을 해 본다.
  ◆ 익힌 내용을 연습하기 위해, 다양한 사진 및 그림 자료 또는 가족 가계도를 활용하여 말하기 연습을 반복적으로 진행할 수도 있다.

보충

가족 관련 호칭

伯父 bófù 큰아버지
伯母 bómǔ 큰어머니
叔叔 shūshu 삼촌
叔母 shūmǔ 숙모
舅舅 jiùjiu 외삼촌
舅母 jiùmǔ 외숙모
姑姑 gūgu 고모
姑父 gūfù 고모부
阿姨 āyí 이모, 아주머니
姨夫 yífù 이모부
表哥 biǎogē 사촌 오빠(형)
表姐 biǎojiě 사촌 언니(누나)
丈夫 zhàngfu 남편
妻子 qīzi 아내
儿子 érzi 아들
女儿 nǚ'ér 딸

초등학생은 친척이나 가까운 사람에 대한 중국어 호칭에 상당한 관심을 갖는다. 수업 전에 학습 내용과 관련된 다양한 어휘를 숙지하여 학생들의 질문에 당황하지 않도록 준비한다.

玩一玩 신나게 놀아 봐요

가족 소개하기

집에 놀러 온 동해에게 리리가 가족 사진을 보여 주며 식구들을 소개하려고 해요.
리리의 가족이 다섯 명이라고 가정하고, 아래의 공간에 자유롭게 그림 또는 사진으로 공간을 꾸며 주세요.
그리고 여러분 각자가 리리가 되어 가족 구성원을 소개해 볼까요?

예

我家有五口人。
Wǒ jiā yǒu wǔ kǒu rén.

__________和我。 我爱我家。
hé wǒ. Wǒ ài wǒ jiā.

★ 爱 ài 사랑하다

玩一玩 신나게 놀아 봐요

• 상상 가족도

학생들 각자가 배운 단어를 활용하여, '리리'의 가족 구성원을 상상해 보도록 한다. 이 때, 가족의 구성원은 5인 이상이 되어야 한다는 비교적 구체적인 조건을 설정하여 활동을 진행한다. 이러한 조건은 학습한 단어들을 최대한 활용할 수 있도록 하기 위함이며, 가족도의 정교함이나 완성도보다는 그 가족도를 바탕으로 얼마나 자신감 있는 목소리로 유창하게 중국어 표현을 해볼 수 있는지에 강조점을 둔다.

가족도는 학생들이 수업에서 재미를 느낄 수 있는 요소를 추가하기 위한 활동이지만, 발표를 할 때 학급의 다른 친구들이 그 가족도를 볼 수 있도록 가슴 앞에 들고 발표함으로써 가족도에 그려진 구성원과 발표하는 학생의 발표 내용이 일치하는지를 확인할 수 있는 시각적인 자료로서의 효과도 기대할 수 있다.

시간 및 기자재의 상황이 가능하다면 학생이 완성한 가족도를 카메라나 휴대전화로 찍어 두었다가 컴퓨터 화면으로 보여 주면서 해당 가족도의 주인이 일어나서 내용을 발표하는 응용 형식으로도 말하기 활동을 진행할 수 있다.

보충

미래의 가족도 그리기

'丈夫', '妻子', '儿子', '女儿'과 같은 보충 단어를 제시하여, 미래의 가족도를 그려 보고, 발표 활동을 해 본다.

猜猜他是谁? 누군지 맞춰 봐!

한 학생이 우리말로 어떤 가족 구성원의 특징이나 생김새를 설명한다. 나머지 학생들은 그 설명을 주의하여 듣고, 가족 구성원을 맞춰 보는 방식의 간단한 게임을 진행할 수 있다. 교사가 준비한 가족 사진으로 연습할 수도 있고, 학생들이 직접 만든 가족도를 활용할 수도 있다.

장난기가 많은 학생들의 경우 중간에 답을 바꿀 수도 있으므로, 게임을 진행하기 전에 교사에게 먼저 답을 말하게 하거나, 답을 쪽지에 적어 두었다가 활동을 마친 후 친구들에게 정답을 보여 주면서 확인할 수도 있다.

지도 tip

학생 본인의 실제 가족 구성원을 활용한 가족도를 그려 보거나 가족 사진을 꾸며 보는 것은 가족 관련 주제를 지도한 후 교사들이 쉽게 사용하는 활동이다.

그러나 최근 들어 편부모 가정이나 다문화 가정의 비율이 늘어나고 있고 그런 가정의 학생들은 자신의 가족에 대해 소개하기를 꺼려할 수 있으므로, 실제 가족도를 그리기보다 상상 가족도를 그려 활동하게 함으로써 보다 원활하게 수업을 진행해 나갈 수 있다.

교사는 특정 활동을 선택할 때, 그 활동의 목적 및 효과만을 생각해서는 안 된다. 활동을 진행하기 전에 해당 활동이 학습자들에게 적합한지, 어떤 부분을 조심해야 할 것인지 등에 대한 고려가 반드시 이루어져야 한다. 이는 사춘기 연령층의 초등학교 고학년 학습자를 대상으로 한 수업 진행에서는 더욱 소홀히 되어서는 안 되는 부분이다.

한편 가족도를 그릴 만한 여유가 없거나, 그림 그리기에 흥미가 없는 학생들의 경우 다양한 잡지나 사진 등을 준비하여 콜라주 형식으로 오려 붙이게 하는 방법도 있다. 특히, 고학년들의 경우 그리기보다 연예인 사진을 준비해 오게 하면 학생들의 흥미를 고취 시킬 수 있다.

저학년은 자료 수집의 능력이 아직까지는 미숙하므로 원활한 활동의 진행을 위해서 저학년 수업에 필요한 준비물은 교사가 준비하는 것이 더 좋다.

마무리하기

1. 학습 내용 정리

학습한 표현을 우리말로 제시하고 이를 중국어로 말해 보게 한다.

2. 과제 부여

학습한 가족 명칭으로 나의 가족 구성원을 큰 소리로 연습해 오게 한다.

5 你哥哥多大? 네 형은 몇 살이니?

단원 소개 및 학습 내용

중국인의 숫자에 대한 관념을 이해하여, 중국인이 좋아하는 숫자와 싫어하는 숫자는 무엇인지 파악하도록 한다. 더 나아가 중국어로 가족 구성원을 묘사하고 가족의 나이를 묻는 표현도 익힐 수 있도록 한다. 이 밖에도 '真'을 사용한 감탄문과 '谁'를 사용한 의문문도 배울 수 있다.

단원 학습 목표

1. 운모 'in ian iang ing iong'과 관련된 발음을 정확하게 할 수 있다.
2. 가족 구성원을 묘사할 수 있다.

단원 지도 계획

차시	교재 범위	학습 단계	학습 내용
1	56~59쪽	문화	팔자 타령하는 중국인?!
		발음	운모 'in ian iang ing iong'과 성모 'j q x'
		새 단어	본문 새 단어 학습 쓰기 연습(多, 谁)
2	60~61쪽	회화	가족 구성원에 대한 묘사: 외모, 나이
3	62~63쪽	교체 연습	나이를 묻는 다양한 표현 익히기 '真'을 사용한 감탄문 익히기
		연습 문제	발음 및 본문 내용 관련 문제 풀기
4	64~65쪽	확장 연습	중국의 손 숫자 표현
		활동	노래로 배워요: 열 꼬마 인디언

1차시

56~59쪽

학습 목표

- 중국인이 좋아하고 싫어하는 숫자를 통해 중국인의 사고방식을 이해할 수 있다.
- 운모 'in ian iang ing iong'과 성모 'j q x'를 결합하여 발음할 수 있다.
- 새 단어의 발음과 뜻을 익히고, 획순에 맞게 쓸 수 있다.

수업 준비물

교재, 멀티 CD

들어가기

1. 지난 시간 복습

① 과제를 확인한다.

② 가족 소개 및 가족 명칭에 관한 질문 등으로 지난 차시에 학습한 내용을 확인한다.

2. 새로 배울 내용 소개

① 그림과 문화 내용을 살펴보면서 이번 단원에서 배울 내용이 무엇인지 유추해 보게 한다.

◆ 한국인 혹은 학생들 각자가 좋아하는 숫자는 무엇이고 그 숫자를 좋아하는 이유에 대해 이야기함으로써 학생들의 흥미를 유발한다. 또한 중국인이 좋아하는 숫자와 싫어하는 숫자를 알고 있는지에 대한 질문을 통해 1차시 수업 내용을 자연스럽게 도출한다.

② 새로운 내용을 학습하기에 앞서 가볍게 발음 연습을 하고, 새로운 단어를 익혀 보는 시간임을 알려 준다.

펼치기

- 문화 소개 : 중국인이 좋아하는 숫자와 싫어하는 숫자

① 본문 내용과 관련된 문화 소재를 활용하여 학습 동기를 부여한다.

◆ 중국인이 좋아하는 숫자

중국인들은 숫자 '6', '8', '9'를 행운의 숫자로 여겨 가장 좋아한다.

- '6(六 liù)'은 '순조롭다', '일이 잘 풀린다'는 의미의 '流 liú'와 발음이 비슷하다. 이 때문에 흔히 악마의 숫자로 불리는 '666'이 중국에서는 만사형통이고 모든 일이 잘 된다는 좋은 숫자로 여겨진다.
- '8(八 bā)'은 '돈을 벌다', '재산을 모으다'라는 의미의 '发 fā'와 발음이 비슷하다. 중국인은 '8'이 여러 개 겹칠수록 더 큰 부를 가져올 수 있다고 믿기 때문에 휴대전화 번호나 자동차 번호판 등에 '8'을 되도록 많이 쓰려고 노력한다. 따라서 '8'이 여러 개 들어간 휴대전화 번호는 가격이 엄청나게 비싸고, 자동차 번호판에 '8'이 많으면 돈이 많은 부자거나 고위층일 가능성이 높다. 이 밖에도 중국인의 숫자 '8'에 대한 사랑을 단적으로 보여 주는 예가 지난 2008년에 열렸던 베이징 올림픽이다. 올림픽의 개막식이 2008년 8월 8일 8시 8분에 맞춰서 개최되었기 때문이다.
- '9(九 jiǔ)'는 '영원하다'는 의미의 '久 jiǔ'와 발음이 같다. 따라서 해마다 9월 9일에는 젊은 청춘 남녀들의 결혼식이 많이 거행된다. 여기에는 오랫동안 해로하길 바라는 마음이 곁들어져 있다.

◆ 중국인이 싫어하는 숫자

중국인이 싫어하는 대표적인 숫자로는 '3', '4', '7'을 꼽을 수 있다.

- '3(三 sān)'은 '흩어지다, 헤어지다'라는 의미를 가진 '散 sǎn'과 발음이 비슷해서 사업을 하거나 장사를 하는 사람들이 개업을 하거나 가격을 정할 때 되도록 피하는 숫자이기도 하다.
- '4(四 sì)'는 죽음을 나타내는 '死 sǐ'와 성조는 다르지만 발음이 같기 때문에 싫어한다.

念一念 자신 있게 발음해요

1 리듬에 맞춰서 큰 소리로 따라 읽어 보세요.

2 리듬에 맞춰서 재미있는 잰말놀이를 해 보세요.

Nǐ yǒu wèntí, qǐng jǔshǒu
Nǐ yào chīfàn, qǐng xǐshǒu
Jiàndao péngyou, wǒ wòshǒu
Míngtiān zàijiàn, huī huīshǒu

58 5과

- '7(七 qī)'은 우리나라에서는 행운의 숫자로 여겨지지만 '화를 내다'라는 뜻을 가진 '生气(shēngqì)'의 '气'와 발음이 비슷하여 싫어한다. 하지만 최근들어 '7'은 행운의 숫자로 여겨져 점점 선호하는 추세이다.

② 본문의 문화 내용을 함께 읽어 본다.

③ 이번 과에서 배우는 내용과 직접적인 연관이 있음을 언급하고 수업을 시작한다.

보충

해음 현상

우리말에서 발음은 같지만 뜻이 다른 단어를 '동음어' 혹은 '동음이의어'라고 한다. 이런 현상을 중국에서는 '해음(谐音 xiéyīn) 현상'이라고 한다. 중국인이 좋아하고 싫어하는 숫자는 대부분 해음 현상과 밀접한 관련이 있다. 그러나 절대적이기보다는 지역에 따라서 상대적으로 적용된다. 해음 현상을 보여 주는 대표적인 예로는 '送钟(sòng zhōng)'과 '分梨(fēn lí)'가 있다. '送钟'은 '괘종시계를 선물하다'는 뜻인데, '임종을 지키다'는 뜻을 가진 '送终(sòngzhōng)'과 발음이 같아 불길하다고 여기기 때문이다. 그리고 '分梨'는 '배를 나누다'라는 뜻인데, '이별하다(分离 fēnlí)'와 발음이 같아서 가족, 친구, 연인들끼리는 배를 함께 나누어 먹지 않는다.

 자신있게 **발음**해요 

1. 발음 연습

① 녹음을 들려 주고 따라 읽게 한다.

② 쉽게 틀리는 발음이 무엇인지 파악하고 교정해 준다.

◆ 'ian'을 발음할 때 'i' 뒤에 오는 'an'이 '엔'과 비슷하게 발음되는 것에 주의한다. 초급 학습자들에게는 이러한 발음 규칙에 대해 강조하기보다는 '再见 zàijiàn', '今天 jīntiān', '天气 tiānqì'와 같은 단어를 활용한 반복 연습을 통해 정확한 발음에 충분히 노출시킨다.

'iong'을 제외한 'in ian ing iang'은 모두 입술을 펴서 발음한다. 'iong'은 입술을 오므린 상태에서 발음하는데, 우리말의 '융'과 그 소리가 비슷하다.

2. 잰말놀이

① 리듬에 맞춰 가볍게 따라 읽게 한다.

② 부정확하거나 쉽게 틀리는 발음이 무엇인지 파악하고 교정해 준다.

③ 연습 정도에 따라 속도를 조절하여 능숙하게 발음할 수 있도록 지도한다.

④ 간단한 동작이나 율동을 통해서 잰말놀이에 포함된 단어의 뜻을 기억하도록 지도할 수 있다.

◆ 지도의 예

你有问题	관자놀이에 검지 손가락을 대고 고개를 갸우뚱한다.
请举手	한 손을 높이 든다.
你要吃饭	한 손은 밥그릇 모양, 한 손은 떠먹는 동작을 한다.
请洗手	양손을 비비며 씻는 동작을 한다.
见到朋友	허리에 손을 얹고 오른쪽, 왼쪽의 친구들을 한 번씩 본다.
握握手	짝꿍과 악수한다.
明天再见	왼손으로 안녕, 오른손으로 안녕 손을 흔든다.
挥挥手	두 손을 동시에 흔든다.

⑤ 큰 소리로 발음하면서 동작을 함께 해 본다.

⑥ 익숙해지면 속도에 변화를 주면서 연습해 볼 수 있다.

보충

小星星 Xiǎo xīngxing 작은 별

一闪一闪亮晶晶 Yì shǎn yì shǎn liàngjīngjīng
반짝반짝 빛나네

满天都是小星星 Mǎntiān dōu shì xiǎo xīngxing
하늘 가득 작은 별

挂在天空放光明 Guà zài tiānkōng fàng guāngmíng
하늘에 걸려서 비추네

好象许多小眼睛 Hǎoxiàng xǔduō xiǎo yǎnjing
매우 많은 작은 눈처럼

一闪一闪亮晶晶 Yì shǎn yì shǎn liàngjīngjīng
반짝반짝 빛나네

满天都是小星星 Mǎntiān dōu shì xiǎo xīngxing
하늘 가득 작은 별

제5과의 주요 학습 발음은 운모 'in ian iang ing iong'과 성모 'j q x'이다. '小星星'에는 'jing', 'xing'과 같은 발음이 자주 나온다. '작은 별 변주곡'의 가사와 정확하게 일치하지 않더라도 가사 해석의 차이까지 설명해 줄 필요는 없다.
오른손과 왼손을 별처럼 흔든다거나 오른손과 왼손을 머리 위로 올려 원을 만드는 등 간단한 율동을 활용하여 노래와 함께 흥겹게 진행한다. 멜로디와 가사 발음에 익숙해졌다면 분단별 혹은 소그룹별로 돌림노래 형식을 빌어 노래해 볼 수도 있다.

学生词 새 단어를 배워봐요

1 새 단어를 큰 소리로 따라 읽어 보세요.

多 duō 얼마나, 많다
大 dà (나이가) 많다, 크다
十三 shísān 열셋, 13
岁 suì 살, 세
谁 shéi 누구
真 zhēn 진짜, 정말
漂亮 piàoliang 예쁘다

2 획순에 주의하여 올바르게 한자를 써 보세요.

多 duō 얼마나, 많다	ノ ク 夕 多 多 多
谁 shéi 누구	` 讠 讠 讠 讠 讠 讠 讠 谁

你哥哥多大? 59

学生词 새 단어를 배워봐요

1. 어휘 학습

① 녹음을 듣고 큰 소리로 따라 읽게 한다.
② 단어의 의미와 주의해야 할 발음을 설명한다.

大 dà 크다
'크다'라는 뜻의 형용사이다. 그러나 나이에 쓰일 때는 '나이가 많다'라는 뜻을 나타낸다.

岁 suì 살, 세
사람이나 동물의 나이를 세는 단위이다.

谁 shéi 누구
사람을 지칭하는 의문대명사 '谁'를 예전에는 'shuí'라고도 읽었으나, 1985년 12월 27일에 수정 공포된 '**普通话异读词审音表**'에 의하면 'shéi'가 표준음이다. 아직까지도 'shuí'로 표기되거나 녹음된 인터넷 사이트 혹은 음원이 있으므로 주의한다.

真 zhēn 진짜, 정말
주로 감탄문에 쓰인다.

漂亮 piàoliang 예쁘다
'亮'은 원래 제4성이지만 '漂亮'에서는 경성으로 읽는다.

③ 녹음을 다시 듣고 따라 읽게 한다.

지도 tip
'多', '大', '漂亮'과 같이 상태를 나타내는 형용사는 일반적으로 '真'과 같이 정도를 나타내는 부사의 수식을 받는다는 것을 짚어 주고, 몇 가지 단어들을 활용하여 응용해 보도록 한다.

2. 쓰기 연습

① 교사는 중요 단어를 칠판에 쓰면서 획순을 알려 준다.
② 획순에 주의하여 학생 스스로 써 보도록 한다.
③ 학생들이 잘못 쓰는 글자를 다시 한 번 짚어 준다.
④ 학생이 칠판 앞으로 나와서 교사가 지정해 준 한자를 획순에 맞게 써 보고 발음해 보도록 한다.

多 부수 夕 총 6획

- 왼쪽에서 오른쪽 아래로 내려오며 비스듬히 쓴다.

ノ ク 夕 多 多 多

谁 부수 隹 총 10획

- 왼쪽에서 오른쪽으로 쓴다.
- '讠(言)'은 위에서 아래로 두 획에 걸쳐 쓴다.
- '谁'의 오른쪽 부분은 '主'보다 가로획을 하나 더 써야 한다.

` 讠 讠 讠 讠 讠 讠 讠 谁 谁

참고 사이트

http://www.yes-chinese.com/tzg/
→ 획순이 포함된 쓰기 활동지를 만들 수 있다.

http://www.yes-chinese.com/card/
→ 학습 내용에 따라 한자 카드를 만들 수 있다.

http://www.shuifeng.net/Dic/html/index141.htm
→ 간체자 획순을 확인할 수 있다.

http://nlp.blcu.edu.cn/others/center/sys/bishun/flash.php
→ 한자의 획순을 확인할 수 있다.

http://hanyu.iciba.com/hanzi/8078.shtml
→ 한자의 부수, 총 획수를 확인할 수 있다.

마무리하기

1. 학습 내용 정리

① 수업 내용에 관한 질문을 통해 학생들의 이해도를 점검한다.
② 학습한 내용 중 학생들이 특히 어려워하는 부분을 점검한다. 우리말에 없는 발음이나, 영어와 표기는 같지만 발음이 다른 한어병음은 특히 주의하여 설명하고 집중적으로 발음을 연습할 수 있도록 한다.

2. 과제 부여

① 58쪽의 '발음 연습'과 '잰말놀이'를 읽어 오게 한다.
② 학습한 단어의 뜻과 한어병음이 익숙해질 수 있도록 멀티 CD (TRACK 42)를 반복해서 듣고 오게 한다.

2차시 60~61쪽

학습 목표

- 가족 구성원의 나이에 대해 말할 수 있다.
- 가족 구성원에 대해 묘사할 수 있다.

수업 준비물

교재, 멀티 CD

들어가기

1. 지난 시간 복습

① 과제를 확인한다.

② 그림 자료나 PPT 등의 시각 자료를 활용하여 지난 차시에 다룬 문화 관련 내용을 확인한다.

2. 새로 배울 내용 소개

① 학습 목표를 소개한다.

② 본문의 그림을 보고 어떤 상황인지 유추해 보도록 한다.

펼치기

一起说 친구들과 대화해요

1. 단어 확인하기

① 단어 카드를 활용하여 지난 시간에 학습한 단어를 읽어 보게 한다. 멀티 CD의 단어 플래시를 활용하여 단어를 복습할 수도 있다.

② 교사가 중국어로 단어를 제시하면 학생들은 우리말로 그 단어의 뜻을 말한다.

③ 학생들이 단어의 뜻을 정확하게 이해했다면 교사는 학생들에게 우리말로 단어를 제시하고, 중국어로 대답해 보게 한다.

2. 녹음 듣고 문장 연습하기

① 녹음을 들려 주고 따라 읽게 한다.

② 문장 단위로 따라 읽게 하고 해석한다.

본문 해석

东海	你哥哥多大? 네 오빠는 몇 살이야?
惠敏	他十三岁。 그는 열세 살이야.
东海	她是谁? 真漂亮! 그녀는 누구야? 정말 예쁘다!
惠敏	她是我姐姐。 그녀는 우리 언니야.

③ 교재의 문장을 정확한 발음으로 읽어 보도록 한다.

보충

중첩된 단어 두 번째 음절의 변화

제1성 + 제1성 → 제1성 + 경성

예 哥哥(gēge) | 妈妈(māma)

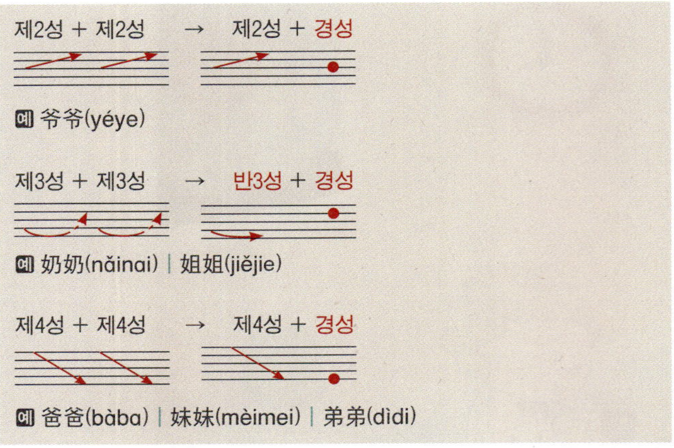

④ 두 사람씩 짝을 지어 대화문을 연습해 보게 한다. 역할을 바꾸어 가면서 연습하도록 지도하여 반복적인 연습이 지루해지지 않도록 주의한다.

⑤ 간체자만 보고 본문을 읽는 연습을 한다.

◆ 제4과에서 '几'를 사용한 특수 의문문을 배웠던 것을 상기시켜 주면서 '谁'를 사용한 의문문의 형태에 대해 설명한다. 초등학교 저학년 학생들에게 '의문문'이라는 표현을 쓰기보다는 '물어보는 말' 혹은 '질문하는 표현' 등으로 언급해 주는 것이 좋다.
의문사가 들어간 의문문의 경우에는 어순이 우리나라 어순과 다를 바가 없어서 학생들이 문법적으로는 큰 어려움을 느끼지 않는다. 의문사가 나올 때마다 그 뜻과 발음을 정확하게 기억할 수 있도록 지도한다.

3. 문장 듣고 해석하기

교사가 읽어 주는 내용을 듣고 우리말로 해석해 보도록 한다. 그 후 교사는 학생들이 가족을 부르는 호칭이나 나이 등 이미 학습한 단어들을 활용하여 다른 문장을 스스로 완성해 보도록 하는 방식으로 지속적인 반복 학습을 진행한다.

4. 해석 듣고 중국어 문장으로 말하기

① 실제 대화하는 것처럼 자연스럽게 말하도록 지도한다.

② 짝과 함께 회화 내용을 연습하고, 역할을 바꾸어 반복 연습하도록 지도한다.

◆ 본문의 내용을 학생들이 실제 상황처럼 대화하는 것을 어색해 할 경우에는 조별로 연습을 한 후에 칭찬 도장이나 스티커 등을 상품으로 정하고 간단한 콘테스트를 하는 등 흥미와 경쟁 요소를 가미하여 동기부여를 할 수 있다.

지도 tip

어느 정도 본문을 읽고 해석하는 것이 익숙해지면 본문의 내용을 조금씩 변화시켜서 다른 문장을 읽고 해석해 보도록 유도할 수 있다. 중국어 초기 학습자의 경우에는 교사가 정한 부분에 학습한 단어를 대체하는 형식으로 진행하는 통제형 연습을 하지만, 중국어 수준이 어느 정도 올라간 학습자들의 경우에는 스스로 다른 문장으로 바꿔 볼 수 있도록 독려하는 자유형 연습의 형식으로도 수업 진행이 가능하다. 어휘를 조금씩 바꿔서 뜻이 달라지는 문장을 구사하는 연습의 경험을 통해서 학습자는 자연스럽게 중국어의 품사에 대해 인식할 수 있고 구문 활용 능력도 향상될 수 있다.

보충

수준별 지도 방법

중국어 문장을 이해하기 위해서는 중국어 문장의 구조와 법칙을 알아야 한다. 그러나 초등 학습자의 경우에는 복잡하고 분석적으로 접근하는 문법 설명보다는 간단한 구나 문장을 마치 한 덩어리처럼 받아들여 학습할 수 있도록 한다.
초보 단계에서 할 수 있는 문장 배열 활동을 살펴보자.

· 저학년 학습자를 위한 지도 방법

예 他是汉语老师。

① 한 문장을 종이에 한 줄로 길게 적는다.
他是汉语老师。

② 한 문장을 소리 내어 몇 번 읽어 보게 한다.

③ 각 단어를 잘라서 섞어 놓고 다시 하나의 문장이 되게 배열해 보도록 한다.
汉语 | 是 | 他 | 老师

④ 한 문장이 이어지도록 순서대로 배열해 보도록 한다.

· 고학년 학습자를 위한 지도 방법

① 본문 전체의 문장을 한 문장 단위로 적어 둔다.
她真漂亮! 她是谁? 她是我姐姐。你姐姐多大? 她十三岁。

② 본문 전체 문장을 소리 내어 몇 번 읽어 보게 한다.

③ 문장 단위로 잘라 순서를 섞어 놓는다.
你姐姐多大? | 她是谁? | 她十三岁。
她真漂亮! | 她是我姐姐。

④ 전체 문장이 이어지도록 순서대로 배열해 보도록 한다.
她真漂亮!
她是谁?
她是我姐姐。
你姐姐多大?
她十三岁。

마무리하기

1. 학습 내용 정리

학습한 내용을 다시 한 번 확인한다. 멀티 CD 회화 애니메이션의 자막을 변경해 가며 회화 내용을 확실히 익혔는지 확인해 볼 수 있다.

2. 과제 부여

① 본문을 세 번씩 큰 소리로 읽어 오도록 한다.

② 짝과 함께 역할을 분담하여 대화하는 연습을 해 오게 한다.

3차시 62~63쪽

学一学 차근차근 익혀봐요

나이를 물을 때 주로 '你多大?'를 사용하지만, 대상에 따라 묻는 방법이 달라져요.

你几岁? Nǐ jǐ suì?

你多大? Nǐ duōdà?

您多大年纪? Nín duōdà niánjì?

★ 年纪 niánjì 연세, 나이

'真'을 붙이면 '정말로 ~하다'라는 뜻이 됩니다.

他真聪明。 Tā zhēn cōngming 그는 정말 똑똑해.

你哥哥 nǐ gēge 너희 오빠 帅 shuài 잘생기다

小狗 xiǎogǒu 강아지 可爱 kě'ài 귀엽다

★ 聪明 cōngming 똑똑하다

62 5과

1. 나이를 묻는 표현

① 녹음을 듣고 정확한 발음으로 따라 읽도록 지도한다.

② 새 단어의 의미를 확인하고 문장으로 연습해 본다.

◆ '您'은 '你'의 존칭으로, 상대방이 연배가 더 높거나 공손히 대해야 할 경우 사용한다. 이와 같은 표현은 이미 3과 3차시에서 '你叫什么名字?', '您贵姓?'을 배울 때 학습한 바 있으므로 다시 한 번 짚어줌으로써 학생들이 기억을 되새김할 수 있게 한다.

③ 제시된 문장을 교사와 학생이 번갈아 읽어 본다.

> 你几岁? 너는 몇 살이니?
> 你多大? 너는 몇 살이니? / 당신은 몇 살입니까?
> 您多大年纪? 연세가 어떻게 되세요?

◆ • '你几岁?'는 10살 이하의 어린이에게 나이를 물을 때 사용하는 표현이다.
• '你多大?'는 가장 보편적인 나이를 묻는 표현이지만 자신보다 나이 많은 사람에게는 쓰지 않는다.
• '您多大年纪?'는 어른에게 나이를 물을 때 사용하는 표현이다.

2. '真'을 활용한 표현

① 녹음을 듣고 정확한 발음으로 따라 읽도록 지도한다.

② 새 단어의 의미를 확인하고 문장으로 연습해 본다.

보충

격음 부호는 왜 쓰는 것일까?

한어병음 표기에서 첫 음이 운모 'a o e'로 시작하는 음절이 다른 음절 뒤에 바로 연결될 경우, 어디까지가 한 글자에 해당하는 발음인지 그 음절의 경계가 모호해지기 쉽기 때문에 격음 부호(')를 사용하여 구분 지점을 표시한다.

예 天安门 Tiān'ānmén 천안문 | 西安 Xī'ān 서안(지명)
幼儿园 yòu'éryuán 유치원 | 可爱 kě'ài 귀엽다

③ 제시된 문장을 교사와 학생이 번갈아 읽어 본다.

> 他真聪明。 그는 정말 똑똑하다.
> 밑줄 친 부분을 바꿔서 말해봐요!
> 你哥哥真帅。 너희 오빠/형 정말 잘생겼다.
> 小狗真可爱。 강아지 정말 귀엽다.

지도 tip

간혹 학생들이 형용사 술어문에 '~이다'에 해당하는 '是'를 넣는 경우가 있는데, 이는 영어 학습에 익숙한 학생들이 '是'를 마치 영어의 'be 동사'처럼 인식하기 때문에 자주 범하는 오류이다. 중국어에서는 형용사가 그 자체만으로도 술어로 사용될 수 있음(형용사 술어문)을 알려 주어야 하지만, 초등학생의 경우 품사에 대한 개념을 이해하지 못하는 경우도 있으므로 문법적인 접근은 되도록 피한다.
또한 우리나라의 형용사 개념과 중국의 형용사 개념은 다소 차이가 있으므로 형용사 술어문이라는 용어를 들어 설명하기보다는 교재에서 제시한 것처럼 '真'을 활용한 감탄문을 다양한 문장을 통해 그 의미를 파악할 수 있도록 돕는 것이 훨씬 더 효과적이다.

학습 목표

• 대상에 따라 나이를 묻는 표현들을 구별하여 말할 수 있다.
• '真'을 사용하여 감탄문을 말할 수 있다.

수업 준비물

교재, 음성 자료

들어가기

1. 지난 시간 복습

① 과제를 확인한다.

② 지난 차시 학습 내용을 확인한다.
본문 회화 내용을 친구와 짝을 지어 실제 대화하는 것처럼 말해 보게 하거나, 상황에 맞는 그림 혹은 PPT 자료를 활용하여 확인한다.

2. 새로 배울 내용 소개

① 학습 목표를 소개한다.

② 주제와 관련된 내용을 소개한다.
우리나라는 또래 친구와 손윗사람에게 나이를 물을 때 어떻게 다른지, 또는 감탄이나 칭찬하는 표현에는 어떤 것들이 있는지에 대해 물어본다.

펼치기

学一学 차근차근 익혀봐요

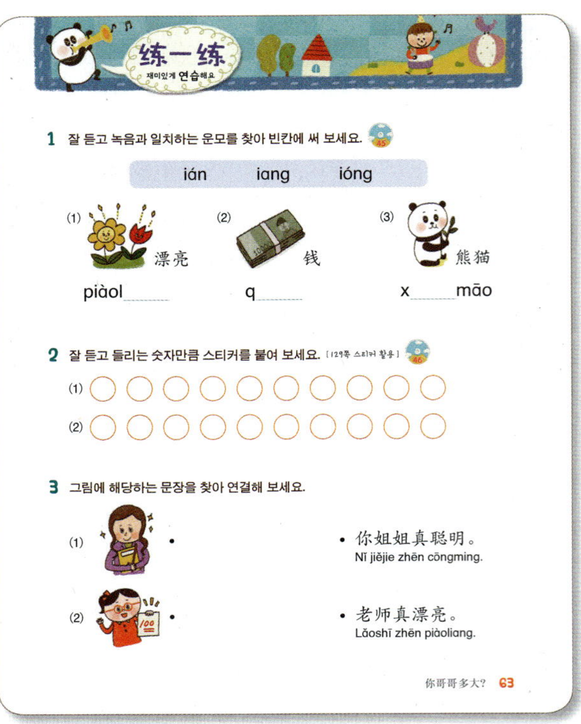

练一练 재미있게 연습해요

1 잘 듣고 녹음과 일치하는 운모를 찾아 빈칸에 써 보세요.

ián iang ióng

(1) 漂亮 piàol_____ (2) 钱 q_____ (3) 熊猫 x_____māo

2 잘 듣고 들리는 숫자만큼 스티커를 붙여 보세요. [129쪽 스티커 활용]

(1) ○○○○○○○○○○

(2) ○○○○○○○○○○

3 그림에 해당하는 문장을 찾아 연결해 보세요.

(1) • • 你姐姐真聪明。 Nǐ jiějie zhēn cōngming.

(2) • • 老师真漂亮。 Lǎoshī zhēn piàoliang.

你哥哥多大? 63

练一练 재미있게 연습해요

1. 녹음과 일치하는 운모를 찾아서 빈칸에 쓰기

① 녹음을 들려 준 후, 문제를 풀게 한다.
② 정답을 확인하고, 문제 풀이를 한다.
③ 녹음을 다시 한 번 듣고 따라 읽게 한다.

녹음대본

(1) piàoliang 漂亮 예쁘다, 아름답다
(2) qián 钱 돈, 화폐
(3) xióngmāo 熊猫 판다

[정답] (1) piàoliang (2) qián (3) xióngmāo

2. 들리는 숫자만큼 스티커 붙이기

① 녹음을 듣고, 129쪽의 스티커를 활용하여 알맞게 붙여 보게 한다.
② 해당 숫자를 큰 소리로 읽어 보게 한다.

녹음대본

(1) 四 sì 4, 넷 (2) 六 liù 6, 여섯

[정답] (1) 스티커 4개 (2) 스티커 6개

보충

숫자 '4'와 '10'의 구별

숫자 '四 sì'와 '十 shí'는 학생들이 자주 혼동하는 발음이므로 주의하여 지도해야 한다. 참고로 아래 문구는 중국 아나운서들이 발음을 연습할 때 자주 쓰는 표현으로, 우리나라의 '간장 공장 공장장은 간 공장장이고, 간장 공장 공장장은 장 공장장이다'와 같은 문맥이다.

四和十(4와 10)

四是四, 十是十。
4는 4이고, 10은 10이다.
十四是十四, 四十是四十。
14는 14이고, 40은 40이다.
四不是十, 十不是四。
4는 10이 아니고, 10은 4가 아니다.
十四不是四十, 四十也不是十四。
14는 40이 아니고, 40 역시 14가 아니다.

3. 그림에 해당하는 문장 찾아 연결하기

① 그림과 어울리는 문장을 골라 연결하게 한다.
② 정답을 확인하고, 문제 풀이를 한다.
③ 큰 소리로 문장을 읽어 보게 한다.

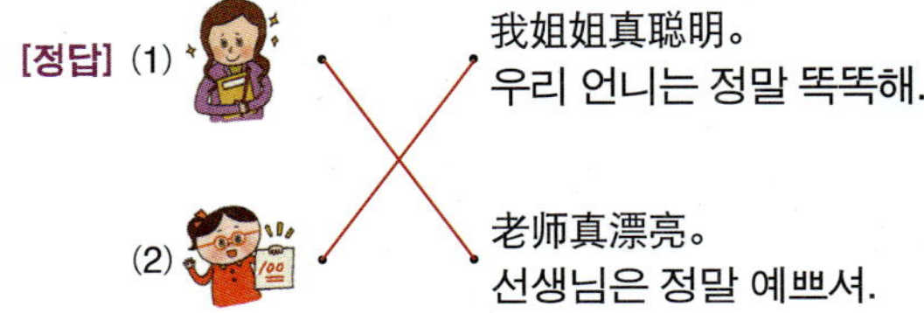

[정답] (1) 老师真漂亮。 선생님은 정말 예쁘셔. (2) 我姐姐真聪明。 우리 언니는 정말 똑똑해.

(1) 我姐姐真聪明。
우리 언니는 정말 똑똑해.

(2) 老师真漂亮。
선생님은 정말 예쁘셔.

시간적 여유가 있을 경우 워크북 문제도 함께 풀어 볼 수 있다. 워크북을 푸는 과정을 통해 학생들에게는 학습한 내용을 한 번 더 확인하는 기회를 제공하고, 교사는 학생들의 이해 정도를 파악하여 필요한 지도를 보충하거나 다음 수업의 난이도를 조정할 수 있다.

마무리하기

1. 학습 내용 정리

① 学一学에서 학습한 내용을 정확히 이해했는지 확인한다.
② 연습 문제에서 학생들이 자주 오류를 범하는 내용에 대해 다시 한 번 정리한다.

2. 과제 부여

이번 시간에 학습한 내용을 자연스럽게 표현할 수 있도록 연습해 오도록 한다.

4차시 64~65쪽

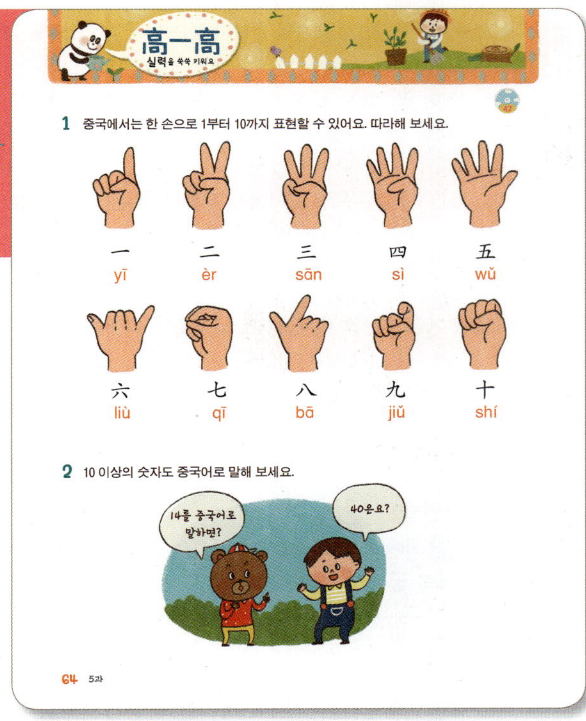

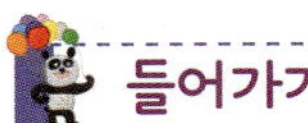

학습 목표

- 중국 손 숫자 표현을 익힐 수 있다.
- 중국어로 숫자 관련 노래를 부를 수 있다.

수업 준비물

교재, 음성 자료

들어가기

1. 지난 시간 복습

① 과제를 확인한다.

② 学一学에서 다룬 표현을 함께 읽어 보거나 간단한 질문을 통해 복습한다.

2. 새로 배울 내용 소개

① 학습 목표를 소개한다.

② 주제와 관련된 내용을 소개한다.

펼치기

高一高 실력을 쑥쑥 키워요

1. 손가락으로 표현하는 숫자

① 중국어로 숫자 '1~10'의 발음을 들려 준다.

② 한어병음을 보며 읽어 보게 한다.

지도 tip

우리말의 숫자 '2'와 중국어의 숫자 '1(一 yī)'의 발음이 같아서 혼동하는 학생들이 많으므로 충분한 연습을 통해 익힐 수 있도록 지도한다.

③ 중국어 숫자 '1~10'에 해당하는 손 숫자 모양을 만들어 보게 한다.

◆ 어린 학생들의 경우 발음을 하는 동시에 손 숫자 모양을 따라 하는 것이 쉽지 않을 수 있으므로 교사가 지속적으로 시범을 보여 주고, 교실을 순회하면서 학생들의 손 모양을 수정해 주는 것이 좋다.

④ 중국어 숫자 '1~10'을 정확히 발음하면서 손 숫자 모양을 만들 수 있도록 한다.

◆ 중국어 표현이 익숙해지면, 손가락으로도 숫자를 표현해 보거나 교사의 손 모양을 보고 어떤 숫자를 의미하는지 중국어로 말해 보도록 할 수도 있다.

지도 tip

중국어 손 숫자 '8'의 모양이 아라비아 숫자 '7'과 모양이 비슷하기 때문에 학생들이 혼동하지 않도록 유의하여 지도한다.
또한 숫자 '6'의 경우는 '六'을 거꾸로 뒤집은 모양이고, 숫자 '8'의 경우는 '八'을 뒤집은 모양이므로, 학생들이 구별하기 쉽도록 교사는 손을 이용하여 설명하는 것이 바람직하다.

보충

숫자 '10'의 다양한 표현법

'10'의 경우는 일반적으로 주먹을 쥐어 표현하는 방법 외에도 검지와 중지를 포개어 X 모양을 만들어 나타내거나, 양손의 검지를 겹쳐 십자가를 만들어 표현하는 방법도 있다.

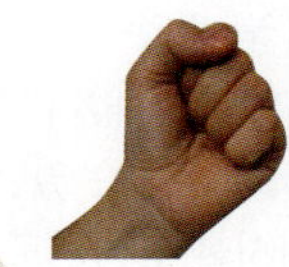
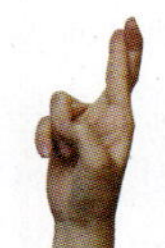
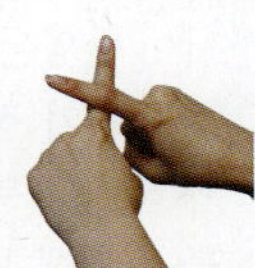

2. '10' 이상의 중국어 숫자 표현 익히기

① '14'와 '40'을 중국어로 말하기 위해 먼저 '4'와 '10'을 각각 말해 보게 하고 학생들이 스스로 '14'와 '40'을 말할 수 있도록 지도한다.

② 교사가 우리말로 다양한 숫자를 제시하면 학생들이 중국어로 대답한다.

◆ 학생들이 '1~10'까지의 숫자에 익숙해지면, '11' 이상의 숫자들에 대해 추측해 보게 한다.

玩一玩 신나게 놀아 봐요

- **노래로 배워요: 열 꼬마 인디언**

  ① 먼저 노래 가사를 큰 소리로 읽어 보게 한다. 중국어는 본래 높낮이가 있는 언어이기 때문에 노래를 부르게 되면 중국어 본연의 성조가 정확히 지켜지지 않는다는 단점이 있다. 그렇기 때문에 노래를 부르기 전에 학생들이 정확한 성조로 읽을 수 있는지를 확인해 보는 것이 좋다. 학생들이 노래 가사를 중국어로 유창하게 읽을 수 있게 되면, 멜로디에 맞춰 노래를 따라 부르도록 한다.

  ② 중국어 노래 부르기가 익숙해지면, 다음과 같이 가사를 바꾸어 부를 수도 있다.
  一个两个三个小朋友
  四个五个六个小朋友
  七个八个九个小朋友
  第十个小朋友站起来
  또한, 마지막 노래 가사를 말할 때, 교사가 임의로 숫자를 바꾸어 불러, 해당 번호에 해당하는 학생을 일으켜 세울 수도 있다.

보충

'열 꼬마 인디언' 멜로디는 학생들에게 비교적 친숙하기 때문에 진도가 빠르게 진행될 경우 다음과 같은 게임 방식으로 숫자 말하기를 연습할 수도 있다.

369 게임

1) 둥글게 모여 앉아 게임 진행 순서를 정한다.
2) 한 사람씩 순서대로 중국어로 숫자 '1'부터 말한다.
3) 숫자 '3', '6', '9'가 들어간 숫자를 말해야 하는 학생들은 숫자를 외치는 대신 박수를 쳐야 한다.

위의 기본 규칙이 익숙해지면, 학생들과 함께 규칙을 추가하며 난이도를 조절해 갈 수 있다.

예를 들면

- '10', '20', '30'…과 같은 특정 숫자에서 '*你好!*'와 같은 문장을 외치도록 할 수도 있고, 미션 동작을 활용할 수도 있다.
- '3', '6', '9'가 들어간 숫자가 아닌 '3의 배수'에 박수를 치도록 할 수도 있다. 숫자 발음의 유창성을 도모하기 위한 게임이므로 발음 및 성조 등에 대한 교정은 게임이 한 회 마무리 되었을 때 전체 학생을 대상으로 진행한다.
- 위의 여러 가지 방식을 모둠별로 진행하여 연습시키고, 마지막에 각 모둠별로 제한 시간 안에 틀리지 않고 가장 높은 숫자까지 게임을 진행시킨 팀에게 점수를 줄 수도 있다.

중국어 곱셈 연습

1) 곱하기를 배운 학년의 경우, 낮은 단위의 곱셈을 중국어로 연습한다.
2) 원래 중국어로 곱셈은 二一得二, 二二得四, 二三得六, 二四得八, 二五十, 二六十二, 二七十四, 二八十六, 二九十八와 같이 말한다. 곱셈의 답이 '10' 이상이면 '得'는 말하지 않는다.
   한편 중국어 수업에서 곱셈 연습을 활용하는 것은 숫자를 다양하게 연습하기 위함이므로 二一二, 二二四, 二三六, 二四八, 二五十, 二六十二, 二七十四, 二八十六, 二九十八와 같이 숫자만 말하도록 할 수도 있다.
3) 박자감을 주기 위해서 네 박자(아이엠 그라운드 손뼉 치기)로 진행할 수 있다.
4) 유창성을 높이기 위해서 점차 속도를 빠르게 조절할 수도 있다.

지도 tip

고학년의 경우에는 이미 369 게임에 익숙한 학습자들이 많아서 여러 방식으로 변형한 응용 게임이 가능하므로 큰 수의 연습이 자연스럽게 이루어지는 경우가 많다. 하지만 저학년의 경우에는 게임의 규칙을 숙지하지 못한 학생들도 있기 때문에 익숙지 않은 중국어를 사용해서 새롭게 익힌 게임을 한다는 것이 어렵게 느껴질 수 있다. 이런 경우에는 우선 369 게임의 진행 요령을 숙지시킨 후 우리말로 연습을 하고, 게임 규칙을 정확하게 익혔다고 생각되면 중국어를 활용하여 게임을 진행하는 것이 바람직하다. 본 과의 주요 학습 내용은 중국어의 가장 기본적인 숫자이므로 무리하게 게임을 진행하기보다는 숫자 표현에 대한 정확한 학습이 이루어질 수 있도록 주의하여 지도한다.

마무리하기

1. 학습 내용 정리

학습한 표현을 우리말로 제시하고 이를 중국어로 말해 보게 한다.

2. 과제 부여

'열 꼬마 인디언' 노래 가사에 손가락 숫자 표현을 넣어 불러 보도록 한다. 학습한 손 숫자를 외워 말할 수 있도록 한다.

6 今天几月几号? 오늘은 몇 월 며칠이니?

단원 소개 및 학습 내용

한국과 중국의 어린이날을 비교할 수 있고, 중국의 기타 명절과 기념일에 대해서도 알 수 있다. 이 밖에도 의문사 '几'를 활용하여 중국어로 날짜와 요일, 생일 등을 다양하게 묻고 답할 수 있다.

단원 학습 목표

1. 운모 'ua uo uai ui(uei)'와 관련된 발음을 정확하게 할 수 있다.
2. 날짜와 요일을 묻고 답할 수 있다.

단원 지도 계획

차시	교재 범위	학습 단계	학습 내용
1	66~69쪽	문화	5월 5일, 선물을 못 받는 중국 어린이?!
		발음	운모 'ua uo uai ui(uei)'와 성모 'zh ch sh r'
		새 단어	본문 새 단어 학습 쓰기 연습(月, 号)
2	70~71쪽	회화	날짜 묻고 답하기
			요일 묻고 답하기
3	72~73쪽	교체 연습	의문사 '几'를 활용하여 날짜 묻고 답하기 '星期'를 활용하여 요일 표현하기
		연습 문제	발음 및 본문 내용 관련 문제 풀기
4	74~75쪽	확장 연습	생일 묻고 답하기 한국과 중국의 기념일
		활동	노래로 배워요: 생일 축하해!

학습 목표

- 한국과 중국의 기념일(어린이날)에 대해 이해할 수 있다.
- 운모 'ua uo uai ui(uei)'와 성모 'zh ch sh r'를 결합하여 발음할 수 있다.
- 새 단어의 발음과 뜻을 익히고, 획순에 맞게 쓸 수 있다.

수업 준비물

교재, 멀티 CD

들어가기

1. 지난 시간 복습
   ① 과제를 확인한다.
   ② 손가락 숫자 표현을 복습해 보고 가족 구성원에 대한 묘사를 해 보도록 한다.

2. 새로 배울 내용 소개
   ① 그림과 문화 내용을 살펴보면서 이번 단원에서 배울 내용이 무엇인지 유추해 보게 한다.
   ◆ 아이들이 놀이동산에서 놀이 기구를 타며 매우 즐거워하는 모습으로 보아, 아이들에게 매우 신나고 특별한 날임을 유추할 수 있다. 학생들이 가장 좋아하는 날이 언제이고 그날을 왜 좋아하는지에 대해 질문해 봄으로써 자연스럽게 학생들의 흥미를 유발한다.
   ② 새로운 내용을 학습하기에 앞서 가볍게 발음 연습을 하고, 새로운 단어를 익혀 보는 시간임을 알려 준다.

펼치기

- 문화 소개 : 한국과 중국의 어린이날
  ① 본문 내용과 관련된 문화 소재를 활용하여 학습 동기를 부여한다.
  ◆ 우리나라는 5월 5일 어린이날이 누구나 다 쉴 수 있는 공휴일이지만, 중국은 그렇지 않다. 중국은 '세계 아동의 날'인 6월 1일을 어린이날로 지정하고 있으며 중국어로는 '儿童节(Értóngjié)'라고 부른다. 중국의 어린이날은 우리나라처럼 공식적으로 지정한 휴일은 아니지만, 대부분의 학교에서 오전에는 학예회 같은 장기 자랑 프로그램을 진행하고, 오후에는 수업을 하지 않는 경우가 많다고 한다. 학교에 따라 휴교를 하기도 하고 회사에서는 자녀를 둔 직원의 편의를 위해 휴가를 주거나 조기 퇴근을 하도록 한다.
  ② 본문의 문화 내용을 함께 읽어 본다.
  ③ 이번 과에서 배우는 내용과 연관이 있음을 언급하고 수업을 시작한다.

지도 tip

문화 소개에서는 어린이날에 대한 내용이 소개되었다. 어린이날 외에도 학생들이 관심 있어 할 만한 설날, 추석이나 크리스마스 등 기타 각종 명절, 기념일에 대해 이야기를 나눠 보도록 한다. 연령이 어린 학습자의 흥미를 유발하기 위해서는 어렵게 설명하기보다는 다양한 사진 자료를 제시하는 것이 좋다. 시각적인 정보는 학습자의 이해에도 도움이 된다. 특히 각 명절이나 국경일에 행해지는 행사 모습이나 먹는 음식 등을 소개해 주면서 다양한 이야기를 함께 나눠 볼 수 있다.

보충

중국의 설날과 추석

- **설날:** 중국에서는 양력 설을 '위앤딴(元旦 Yuándàn)'이라고 하고, 음력 설을 '춘제(春节 Chūnjié)'라고 부른다. 춘제 전날 밤에는 온 가족이 모여 풍성한 음식을 먹고, 밤을 새워 새해를 맞이한다. 춘제 당일에는 친지들의 집에 가서 인사를 하며 서로의 희망찬 새해를 기원한다.
- **추석:** 중국에서는 추석을 '중추제(中秋节 Zhōngqiūjié)'라고 부른다. 달 구경을 하거나 가족들이 함께 모여 맛있는 음식을 먹는 풍습은 같지만 먹는 음식은 다르다. 송편을 먹는 우리나라와 달리 중국은 '위에빙(月饼 yuèbing)'이라는 것을 먹는데, 위에빙 안에는 팥, 고기, 과일, 계란 노른자 등 다양한 종류의 속 재료가 들어간다.

이와 같은 중국의 주요 명절 뿐 아니라 서양 명절인 크리스마스에 대해서 언급하는 것도 학생들의 흥미를 불러일으킬 수 있다.

- **크리스마스:** 크리스마스를 중국어로는 '성딴제(圣诞节 Shèngdànjié)'라고 부르는데, 우리나라처럼 법정 공휴일로 지정하고 있지는 않다. 그러나 젊은이들 사이에서는 인기 있는 기념일 중 하나이다. 한편 크리스마스 이브는 '平安夜(píng'ānyè)'라고 부른다. 최근 중국 젊은이들 사이에서 크리스마스 이브에 사과를 선물하는 것을 흔히 볼 수 있는데, 이를 '平安果(píng'ānguǒ)'라 부른다. 이는 '사과'의 중국어 표현인 '苹果(píngguǒ)'의 '苹'이 '平安夜'의 앞 글자인 '平'과 같은 발음을 가진 것에서 유래된 것으로 평안을 기원한다.

念一念 자신있게 발음해요

1. 발음 연습

① 녹음을 들려 주고 따라 읽게 한다.

② 쉽게 틀리는 발음이 무엇인지 파악하고 교정해 준다.

◆ • 'ua uo'를 발음할 때, 앞의 'u' 발음은 짧고 약하게 하고, 뒤의 운모를 더 길고 강하게 발음하도록 지도한다.

• 'uei'는 성모와 결합하면 가운데 'e'를 생략하여 표기하지만, 'e'의 발음까지 완전히 탈락된 것은 아니므로, 주의하여 지도한다.
예 对 duì | 会 huì | 水 shuǐ

• 권설음(교설음) 'zh ch sh r'는 혀를 말아 일정한 시간 동안 혀의 긴장감을 유지하며 발음해야 한다. 우리나라에 없는 발음이므로 충분한 연습이 필요하다.

2. 잰말놀이

본 교재의 잰말놀이 부분은 중국어 발음을 유창하게 할 수 있도록 돕는 것이 목적이다. 발음을 연습하는 과정에서 단어의 학습이 이루어질 수는 있으나, 교사가 문법이나 단어 학습에 비중을 두기보다는 학습자가 정확한 중국어 발음을 자연스럽게 익힐 수 있도록 지도한다.

① 리듬에 맞춰 가볍게 따라 읽게 한다.

② 부정확하거나 쉽게 틀리는 발음이 무엇인지 파악하고 교정해 준다.

③ 연습 정도에 따라 속도를 조절하여 능숙하게 발음할 수 있도록 지도한다.

④ 간단한 동작이나 율동을 통해서 잰말놀이에 포함된 단어의 뜻을 기억하도록 지도할 수 있다.

◆ 지도의 예

抓 손가락으로 물건이나 기구 등을 집거나 꽉 잡는 시늉을 한다. 교실 안의 의자, 연필, 지우개, 화분 등을 이용할 수 있다.

刷 손가락으로 이를 닦는 흉내를 낸다.

桌 교실 안의 책상이나 교탁을 가리킨다.

说 손 모양으로 입을 벌려 말하는 시늉을 한다.

⑤ 큰 소리로 발음하면서 동작을 함께 해 본다.

⑥ 익숙해지면 속도에 변화를 주면서 연습해 볼 수 있다.

보충

拔萝卜 bá luóbo 무를 뽑자

拔萝卜拔萝卜 Bá luóbo bá luóbo
무를 뽑자 무를 뽑자

嘿哟嘿哟拔萝卜 Hēi yō hēi yō bá luóbo
영차 영차 무를 뽑자

嘿哟嘿哟拔不动 Hēi yō hēi yō bá bú dòng
영차 영차 꿈적 않네

老太婆快快来 Lǎotàipó kuài kuài lái
할머니 빨리 오세요

快来帮我们拔萝卜 Kuài lái bāng wǒmen bá luóbo
빨리 와서 우리 같이 무 뽑아요

가사에 'uai'와 'uo' 발음이 많이 포함되어 있어 발음 연습에 유용하며, 간단한 율동으로 학생들과 함께 의미 있는 동작을 만들어 수업 시간에 활용해 보도록 한다.

学生词 새 단어를 배워봐요

1 새 단어를 큰 소리로 따라 읽어 보세요.

今天 jīntiān 오늘
月 yuè 월
号 hào 일
星期 xīngqī 요일
星期天 xīngqītiān 일요일

2 획순에 주의하여 올바르게 한자를 써 보세요.

月 yuè 월 丿 冂 月 月
号 hào 일 丨 冂 口 旦 号

今天几月几号? 69

学生词 새 단어를 배워봐요

1. 어휘 학습

① 녹음을 듣고 큰 소리로 따라 읽게 한다.
② 단어의 의미와 주의해야 할 발음을 설명한다.

> **月** yuè 월, 달
> '月' 앞에 숫자 '1'부터 '12'까지 넣어 읽어 보는 연습을 한다.
>
> **号** hào 일
> 날짜를 가리키며, 같은 표현으로는 '日 rì'가 있다. 다만 '日'는 서면어에서 자주 사용함을 설명한다.
>
> **星期** xīngqī 주(周), 요일
> '주'라는 의미의 '星期' 뒤에는 '一'부터 '六'까지 숫자를 넣어서 '월요일'부터 '토요일'까지 나타낼 수 있음을 설명한다.
>
> **星期天** xīngqītiān 일요일
> 회화에서는 일요일을 보통 '星期天'이라고 하고 서면어로는 '星期日 xīngqīrì'라고 한다는 것을 설명한다. 일요일을 '星期七'라고 표현하지 않음을 설명한다.

③ 녹음을 다시 듣고 따라 읽게 한다.

2. 쓰기 연습

① 교사는 중요 단어를 칠판에 쓰면서 획순을 알려 준다.
② 획순에 주의하여 학생 스스로 써 보도록 한다.
③ 학생들이 잘못 쓰는 글자를 다시 한 번 짚어 준다.
④ 학생이 칠판 앞으로 나와서 교사가 지정해 준 한자를 획순에 맞게 써 보고 발음해 보도록 한다.

月 부수 月 총 4획

- 왼쪽에서 오른쪽으로 쓴다.
- 두 번째 획은 이어서 쓰고, 마지막 부분을 갈고리 모양으로 삐치게 쓴다.
- 나머지 부분은 위에서 아래로 쓴다.

丿 刀 月 月

 부수 口 총 5획

- 위에서 아래로 쓴다.
- '一' 다음의 획은 두 획이 아닌 한 획으로 이어서 쓰도록 한다.
- 마지막 부분을 갈고리 모양으로 삐치게 쓴다.

丨 冂 口 旦 号

> **지도 tip**
> 학생들이 종이에 한자를 쓰는 것에 부담을 느끼는 경우에는 우선 칠판에 적힌 한자를 충분히 보게 한다. 한자를 보면서 허공에 써 보는 연습을 통해 어느 정도 익숙해지면 예시 글자를 보지 않고 허공에 써 보게 할 수 있다. 활동을 진행할 때는 가능하면 언어의 기능이 두 가지 이상 결합되도록 수업을 구성하는 것이 효과적이므로 학생들이 허공에 한자를 써 볼 때에도 단어를 소리 내어 읽으면서 쓰도록 지도한다. 학생이 예시 한자를 안 보고도 쓸 수 있게 되면 이번에는 공책이나 종이 위에 단어를 써 보도록 지도한다. 교사는 최종적으로 올바른 획순으로 칠판에 한 번 더 써 보면서 정리한다. 학생들도 제대로 썼는지 확인하고 틀렸다면 정확하게 교정해 준다.

참고 사이트

http://www.yes-chinese.com/card/
→ 학습 내용에 따라 한자 카드를 만들 수 있다.

http://www.shuifeng.net/Dic/html/index141.htm
→ 간체자 획순을 확인할 수 있다.

http://nlp.blcu.edu.cn/others/center/sys/bishun/flash.php
→ 한자의 획순을 확인할 수 있다.

http://hanyu.iciba.com/hanzi/8078.shtml
→ 한자의 부수, 총 획수를 확인할 수 있다.

마무리하기

1. 학습 내용 정리

① 수업 내용에 관한 질문을 통해 학생들의 이해도를 점검한다.
② 학습한 내용 중 학생들이 특히 어려워하는 부분을 점검한다.

2. 과제 부여

① 68쪽의 '발음 연습'과 '잰말놀이'를 읽어 오게 한다.
② 학습한 단어의 뜻과 한어병음이 익숙해질 수 있도록 멀티 CD (TRACK 51)를 반복해서 듣고 오게 한다.

학습 목표

- 중국어로 날짜를 묻고 답할 수 있다.
- 중국어로 요일을 묻고 답할 수 있다.

수업 준비물

교재, 멀티 CD

들어가기

1. 지난 시간 복습

① 과제를 확인한다.
② 그림 자료나 PPT 등의 시각 자료를 활용하여 지난 차시에 다룬 문화 관련 내용을 확인한다.

2. 새로 배울 내용 소개

① 학습 목표를 소개한다.
② 본문의 그림을 보고 어떤 상황인지 유추해 보도록 한다.

펼치기

一起说 친구들과 대화해요

1. 단어 확인하기

① 단어 카드를 활용하여 지난 시간에 학습한 단어를 읽어 보게 한다. 멀티 CD의 단어 플래시를 활용하여 단어를 복습할 수도 있다.
② 교사가 중국어로 단어를 제시하면 학생들은 우리말로 그 단어의 뜻을 말한다.
③ 학생들이 단어의 뜻을 정확하게 이해했다면 교사는 학생들에게 우리말로 단어를 제시하고, 중국어로 대답해 보게 한다.

2. 녹음 듣고 문장 연습하기

① 녹음을 들려 주고 따라 읽게 한다.
② 문장 단위로 따라 읽게 하고 해석한다.

본문 해석

大卫	今天几月几号? 오늘은 몇 월 며칠이니?
丽丽	今天十月二十四号。 오늘은 10월 24일이야.
大卫	今天星期几? 오늘은 무슨 요일이니?
丽丽	今天星期天。 오늘은 일요일이야.

③ 교재의 문장을 정확한 발음으로 읽어 보도록 한다.
④ 두 사람씩 짝을 지어 대화문을 연습해 보게 한다. 역할을 바꾸어 가면서 연습하도록 지도하여 반복적인 연습이 지루해지지 않도록 주의한다.
⑤ 간체자만 보고 본문을 읽는 연습을 한다.

보충

'星期'의 또 다른 표현

'星期'는 '礼拜'나 '周'로 바꿔 사용할 수 있다.
'礼拜'와 '周' 역시 '星期'와 마찬가지로 뒤에 숫자 '一'에서 '六'를 붙여 월요일부터 토요일까지 표현하며, 일요일은 각각 '礼拜日(礼拜天)', '周日'라고 한다. 절대로 '礼拜七' 나 '周七'이라고 표현하지 않음을 주의한다.

요일	星期	礼拜	周
월요일	星期一 xīngqīyī	礼拜一 lǐbàiyī	周一 zhōuyī
화요일	星期二 xīngqī'èr	礼拜二 lǐbài'èr	周二 zhōu'èr
수요일	星期三 xīngqīsān	礼拜三 lǐbàisān	周三 zhōusān
목요일	星期四 xīngqīsì	礼拜四 lǐbàisì	周四 zhōusì
금요일	星期五 xīngqīwǔ	礼拜五 lǐbàiwǔ	周五 zhōuwǔ
토요일	星期六 xīngqīliù	礼拜六 lǐbàiliù	周六 zhōuliù
일요일	星期日/天 xīngqīrì/tiān	礼拜日/天 lǐbàirì/tiān	周日 zhōurì

3. 문장 듣고 해석하기

교사가 읽어 주는 내용을 듣고 우리말로 해석하게 한다.

4. 해석 듣고 중국어 문장으로 말하기

① 실제 대화하는 것처럼 자연스럽게 말하도록 지도한다.
② 짝과 함께 회화 내용을 연습하고, 역할을 바꾸어 반복 연습하도록 지도한다.

◆ 교재에 언급된 날짜 표현을 익힌 후에는 실제 당일의 날짜와 요일을 중국어로 물어보고 대답하는 형식을 통해 교사와 학생간의 적극적인 양방향 대화 습관을 기른다. 또한 매번 수업을 시작하기 전에 날짜와 요일에 대해 묻고 대답하는 것은 기존 학습 내용을 자연스럽게 복습하고 학생들이 실생활에서 직접 중국어를 사용해 볼 수 있는 기회를 제공할 수 있다.

지도 tip

초급 수준의 중국어 학습자가 어휘를 마스터하는 데 있어서 반복 학습이 가진 효과와 영향력을 무시할 수 없다.
학습자의 중국어 실력이 향상되기 위해서는 어휘를 충분히 학습해야 한다. 교사는 학습자들이 단어를 어떻게 하면 오랫동안 기억하고 활용할 수 있게 지도할 수 있는지에 대해 고민해야 한다. 처음에는 본문 내용을 여러 번 읽어 보게 하고, 어느 정도 숙지가 되었다고 판단되면 달력을 이용하여, 학생들이 서로 짝을 이루어 상대방의 생일이나 날짜, 요일 등을 자유롭게 묻고 대답하도록 한다.

보충

숫자는 나이 어린 친구들도 관심이 많기 때문에 숫자 관련 내용을 수업 중간 중간에 알려 주는 것은 중국어 학습에 대한 흥미를 유발하는 데 도움이 될 수 있다. 또한 학생들에게 숫자에 그 나름의 의미를 부여하고 중요하게 생각하는 중국인들의 사고방식이나 문화 관념 등을 알려줄 수도 있다. 이미 나이를 묻는 표현과 날짜 표현까지 학습한 상태이므로, 숫자 학습에 대한 총괄·마무리의 의미에서도 아래와 같이 숫자에 대해 좀 더 보충 설명할 수 있다.

1) 7(七)

중국인들은 숫자 '7(七 qī)'을 '화를 내다'라는 뜻을 가진 '生气 shēngqì'의 '气 qì'와 발음이 비슷해서 싫어한다. 하지만 최근 들어 행운의 숫자라는 인식이 늘어나면서 선호하는 사람들도 많아졌다. 그리고 '7'과 발음이 같은 어휘 중 '漆 qī'가 '칠하다'라는 뜻을 가지고 있어서 페인트 회사에서는 전화번호로 선호하는 숫자이기도 하다.

2) 24(二四)

'24(二四 èrsì)'는 '아이가 죽는다'는 표현인 '儿死 érsǐ'와 중국어 발음이 비슷한데, 일반적으로 한 가정에 한 자녀만 낳을 수 있는 중국인들은 자식에 대한 각별한 사랑이 있기 때문에 되도록 피하는 숫자이다.
초등학교 저학년을 대상으로 진행하는 중국어 수업에서 부정적인 의미의 내용을 다루는 것이 부담이 되는 경우도 있다. 따라서 너무 자세하게 설명을 하기보다는 우리가 '四'를 '死'와 같은 발음이기 때문에 기피하는 것처럼 중국인의 사고방식도 비슷함을 우회적으로 알려 주는 정도로 다뤄 준다.

3) 45(四五)

중국인은 45세가 되면 자신의 나이를 바로 말하지 않고, '작년에 44살이었다' 혹은 '내년에 46살이 된다'는 표현으로 완곡하게 표현한다. 청렴하기로 유명한 판관 포청천이 45세에 사건 해결을 위해 거짓으로 죽었던 일화에서 45세라고 말하는 것을 꺼리게 되었는데, 45세에 큰 어려움을 당할 수 있다는 미신이 있다고 한다.

마무리하기

1. 학습 내용 정리

학습한 내용을 다시 한 번 확인한다. 멀티 CD 회화 애니메이션의 자막을 변경해 가며 회화 내용을 확실히 익혔는지 확인해 볼 수 있다.

2. 과제 부여

① 본문을 세 번씩 큰 소리로 읽어 오도록 한다.
② 짝과 함께 역할을 분담하여 대화하는 연습을 해 오게 한다.

3차시 72~73쪽

学一学 차근차근 익혀봐요

'几'를 사용하여 날짜를 물어봅니다. 대답할 때는 '几' 자리에 날짜를 넣어요.

今天几月几号? 今天十月二十四号。

Jīntiān jǐ yuè jǐ hào? 오늘은 몇 월 며칠이니?

Jīntiān shí yuè èrshísì hào. 오늘은 10월 24일이야.

10月 23 昨天 zuótiān 어제 / 10月 24 今天 jīntiān 오늘 / 10月 25 明天 míngtiān 내일

'星期' 뒤에 숫자를 넣어 요일을 표현해 보세요.

월	화	수	목	금	토	일
星期一 xīngqīyī	星期二 xīngqī'èr	星期三 xīngqīsān	星期四 xīngqīsì	星期五 xīngqīwǔ	星期六 xīngqīliù	星期天 xīngqītiān

★ 星期天 xīngqītiān 은 星期日 xīngqīrì 라고도 할 수 있어요.

72 6과

학습 목표

- '几'를 활용하여 날짜를 물어보는 표현을 말할 수 있다.
- '星期'를 활용하여 요일을 표현할 수 있다.

수업 준비물

교재, 음성 자료

들어가기

1. 지난 시간 복습
   ① 과제를 확인한다.
   ② 지난 차시 학습 내용을 확인한다.
   날짜·요일 묻는 표현 등을 문답식으로 확인하거나, 상황에 맞는 그림 혹은 PPT 자료를 활용하여 확인한다.

2. 새로 배울 내용 소개
   ① 학습 목표를 소개한다.
   ② 주제와 관련된 내용을 소개한다.

펼치기

学一学 차근차근 익혀봐요

1. '几'를 활용한 날짜 표현
   ① 녹음을 듣고 정확한 발음으로 따라 읽도록 지도한다.
   ② 새 단어의 의미를 확인하고 문장으로 연습해 본다.
   ③ 제시된 문장을 교사와 학생이 번갈아 읽어 본다.

今天几月几号? 오늘은 몇 월 며칠이니?
今天十月二十四号。 오늘은 10월 24일이야.

밑줄 친 부분을 바꿔서 말해봐요!
昨天几月几号? 어제는 몇 월 며칠이었니?
昨天十月二十三号。 어제는 10월 23일이었어.

明天几月几号? 내일은 몇 월 며칠이니?
明天十月二十五号。 내일은 10월 25일이야.

◆ '几'는 주로 10 이하의 숫자를 물어볼 때 사용하지만, 날짜와 시간을 묻는 표현에서는 10 이상의 숫자가 있어도 '几'를 사용한다. 이와 같은 고정된 표현은 학생들이 자연스럽게 발화할 수 있도록 반복 연습하게 한다. 또한 우리말은 구어체와 문어체의 구분 없이 모든 날짜 표현을 '日'로 나타내지만, 중국어의 날짜 표현은 구어체에서는 주로 '号'를 사용하고, 편지, 달력 등의 글말에서는 주로 '日'를 사용한다는 점도 고학년이라면 추가적으로 설명할 수 있다.

2. '星期'를 활용한 요일 표현
   ① 녹음을 듣고 정확한 발음으로 따라 읽도록 지도한다.
   ② 새 단어의 의미를 확인하고 문장으로 연습해 본다.
   ◆ 요일을 물을 때에는 '星期' 뒤에 숫자를 묻는 의문대명사 '几'를 써야 함을 강조한다. 문법에 대한 사전 지식이 있는 학생들에게는 의문사 '几'를 사용하면 '吗' 없이도 의문문을 만들 수 있음을 언급할 수도 있으나, 의문사라는 개념을 모르는 학생이라면 '星期几'를 요일을 묻는 한 단어처럼 외우도록 한다.
   ③ 제시된 문장을 교사와 학생이 번갈아 읽어 본다.

보충

'일(日)'과 '년(年)'

학생들의 이해 정도에 따라 더 다양한 표현을 학습할 수 있다.

일	前天 qiántiān 그저께	昨天 zuótiān 어제	今天 jīntiān 오늘	明天 míngtiān 내일	后天 hòutiān 모레
년	前年 qiánnián 재작년	去年 qùnián 작년	今年 jīnnián 올해	明年 míngnián 내년	后年 hòunián 내후년

'前'과 '后'는 각각 한자로, '전'과 '후'를 의미하는 반대 개념임을 설명하면, 학생들이 기억하는데 도움을 줄 수 있다.

'주(周)'와 '월(月)'

주	上个星期 shàng ge xīngqī 지난주	这个星期 zhè ge xīngqī 이번 주	下个星期 xià ge xīngqī 다음 주
월	上个月 shàng ge yuè 지난달	这个月 zhè ge yuè 이번 달	下个月 xià ge yuè 다음 달

'上'은 시간이나 순서 등의 '앞', '먼저'라는 의미이고, '下'는 시간이나 순서 등의 '후', '뒤', '나중'의 의미이므로, 둘의 개념을 비교해서 설명하면 학생들이 기억하는 데 도움을 줄 수 있다.

예 上课(수업하다) ↔ 下课(수업을 마치다) ·
上班(출근하다) ↔ 下班(퇴근하다)

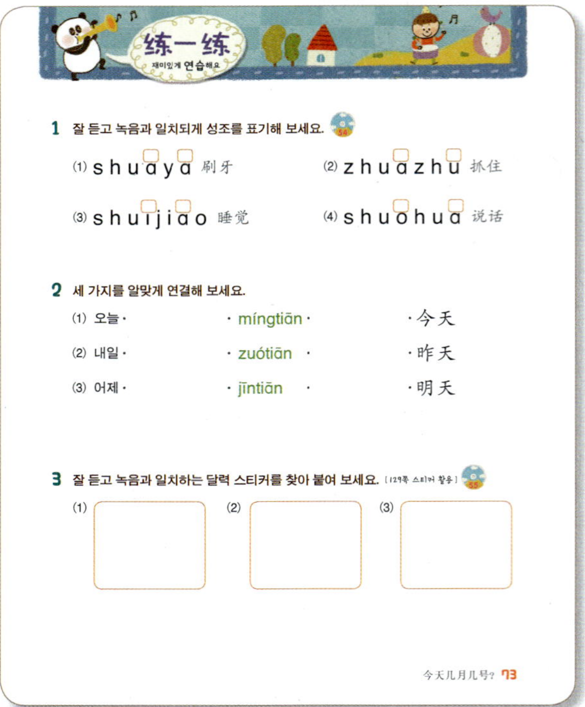

练一练 재미있게 연습해요

1 잘 듣고 녹음과 일치되게 성조를 표기해 보세요.

(1) shuaya 刷牙　(2) zhuazhu 抓住

(3) shuijiao 睡觉　(4) shuohua 说话

2 세 가지를 알맞게 연결해 보세요.

(1) 오늘 · · míngtiān · · 今天

(2) 내일 · · zuótiān · · 昨天

(3) 어제 · · jīntiān · · 明天

3 잘 듣고 녹음과 일치하는 달력 스티커를 찾아 붙여 보세요. (129쪽 스티커 활용)

(1)　(2)　(3)

今天几月几号? 73

练一练 재미있게 연습해요

1. 녹음과 일치하게 성조 표기하기

① 녹음을 들려 준 후, 문제를 풀게 한다.
② 정답을 확인하고, 문제 풀이를 한다.
③ 녹음을 다시 한 번 듣고 따라 읽게 한다.

녹음대본

(1) shuāyá 刷牙 이를 닦다
(2) zhuāzhù 抓住 (손으로) 잡다
(3) shuìjiào 睡觉 (잠을) 자다
(4) shuōhuà 说话 말하다, 이야기하다

[정답] (1) shuāyá　(2) zhuāzhù
(3) shuìjiào　(4) shuōhuà

◆ 권설음에 해당하는 'sh zh'는 우리나라에는 없는 발음이고, 어린 학습자들이 따라 하기 어려울 수 있으므로 교사는 학생들이 제대로 발음을 하는지 주의 깊게 살핀다. 또한 (2)의 경우 성모 'zh'를 두 번 연속 발음해야 하므로 연습을 충분히 하도록 한다.

지도 tip

'zh ch sh'를 발음할 때는 우리말 '빨', '딸', '깔', '쌀' 등의 발음을 한 상태에서 연이어 'zh ch sh'를 발음해 보도록 지도하면 보다 쉽게 따라 할 수 있다. 어린 학습자들에게는 쉬운 말로 풀어서 설명하는 것도 중요하지만 시각적인 손동작 등을 활용하여 직관적으로 느낄 수 있게 돕는 것이 더 효과적인 경우도 있다. 예를 들어, 'zh ch sh r'의 경우에는 쎄쎄쎄 준비 동작처럼 손바닥을 위로 향하게 폈다가 팔을 뒤로 빼는 동시에 손을 살짝 오므리는 동작을 보여 주면서 'zh ch sh r' 발음을 하면, 혀가 긴장하면서 발음해야 한다는 것을 좀 더 쉽게 전달할 수 있다.

2. 한어병음과 한자를 알맞게 연결하기

① 해당 단어의 의미와 한어병음, 한자를 바르게 연결하게 한다.
② 정답을 확인하고, 문제 풀이를 한다
③ 해당 단어를 큰 소리로 읽어 보게 한다.

[정답]

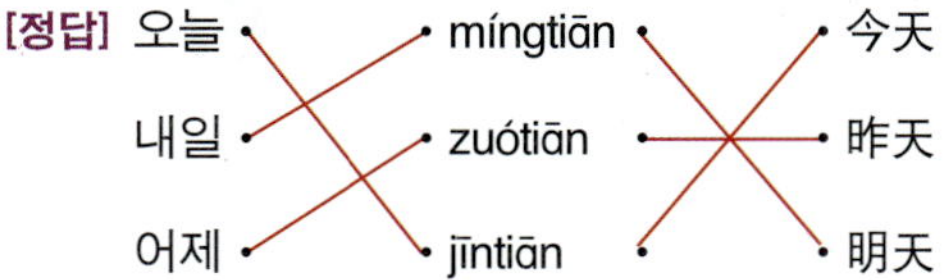

3. 녹음과 일치하는 달력 스티커 붙이기

① 녹음을 듣고 129쪽 스티커를 활용하여 녹음과 일치하는 달력 스티커를 붙이게 한다.
② 정답을 확인하고, 문제 풀이를 한다.
③ 큰 소리로 문장을 읽어 보게 한다.

녹음대본

(1) 五月一号星期五
Wǔyuè yī hào Xīngqīwǔ
5월 1일 금요일

(2) 四月二十五号星期一
Sìyuè èrshíwǔ hào Xīngqīyī
4월 25일 월요일

(3) 十月二十三号星期天
Shíyuè èrshísān hào Xīngqītiān
10월 23일 일요일

[정답] (1)

(2)

(3)

시간적 여유가 있을 경우 워크북 문제도 함께 풀어 볼 수 있다. 워크북을 푸는 과정을 통해 학생들에게는 학습한 내용을 한 번 더 확인하는 기회를 제공하고, 교사는 학생들의 이해 정도를 파악하여 필요한 지도를 보충하거나 다음 수업의 난이도를 조정할 수 있다.

마무리하기

1. 학습 내용 정리

① 学一学에서 학습한 내용을 정확히 이해했는지 확인한다.
② 연습 문제에서 학생들이 자주 오류를 범하는 내용에 대해 다시 한 번 정리한다.

2. 과제 부여

이번 시간에 학습한 내용을 자연스럽게 표현할 수 있도록 연습해 오도록 한다.

4차시 74~75쪽

高一高 실력을 쑥쑥 키워요

1 친구의 생일을 물어보고 칸을 채워 보세요. 그리고 친구에게 생일 초대 카드를 주며 초대해 보세요. [109쪽 활동 자료 활용]

你的生日是几月几号? 네 생일은 몇 월 며칠이니?
Nǐ de shēngrì shì jǐ yuè jǐ hào?

我的生日是____月____号。
Wǒ de shēngrì shì ______ yuè ______ hào.
내 생일은 ______ 월 ______ 일이야.

	이름	날짜
1		월 일
2		월 일
3		월 일
4		월 일

★ 生日 shēngrì 생일

2 선생님과 함께 한국과 중국의 기념일을 알아볼까요?

5月 5号	어린이날 儿童节 Értóngjié	(1) ___月___号
(2) ___月___号	스승의 날 教师节 Jiàoshījié	(3) ___月___号
(4) ___月___号	개천절/국경절 国庆节 Guóqìngjié	(5) ___月___号

74 6과

학습 목표

- 중국어로 생일을 묻고 답할 수 있다.
- 한국과 중국의 기념일을 비교하고 이해할 수 있다.

수업 준비물

교재, 활동 자료

들어가기

1. 지난 시간 복습
   ① 과제를 확인한다.
   ② **学一学**에서 다룬 표현을 함께 읽어 보거나 간단한 질문을 통해 복습한다.

2. 새로 배울 내용 소개
   ① 학습 목표를 소개한다.
   ② 주제와 관련된 내용을 소개한다.

펼치기

1. 생일 묻고 답하기
생일 묻고 답하는 표현 연습을 간단히 마친 후, 직접 친구들에게 생일을 묻고 74쪽의 빈칸을 채워 보게 한다.

- 생일 초대 카드 활용(109 페이지 활동 자료)
  ① 활동 자료의 생일 카드를 완성하고, 자신의 생일을 중국어로 말해 보는 연습을 한다.
  ② 활동을 마친 후, 교사가 특정 학생을 지목하여 '他的生日是几月几号?'라고 물어보고 전체 학생들이 대답해 보게 할 수도 있다. 간단하지만, 주어를 변형하여 말하기 연습을 하면 생일 묻기가 익숙해질 수 있다.

지도 tip
날짜를 묻는 표현은 '是'를 쓰지 않고 '今天几月几号?'라고 묻는데, 친구의 생일을 물을 때는 강조하기 위해 '是'를 사용해서 '你的生日是几月几号?'라고 묻는다.

  ③ 생일 묻기 활동을 마친 후, 학생들의 생일을 월별 혹은 계절별로 모아, 해당하는 달의 달력을 꾸며 보고 서로의 생일을 말해 보는 연습을 할 수도 있다.

보충
활동 자료 새 단어
一起 yìqǐ 같이, 함께 | 玩儿 wánr 놀다 | 吧 ba ~하자
'我们一起玩儿吧。'는 '우리 같이 놀자.'는 뜻임을 알려 주고 반복 읽기 연습을 통해 익히도록 지도한다.

2. 한국과 중국의 기념일
   ① 한국의 기념일은 교사가 학생들에게 물어보고 답하게 한다.
   ② 중국의 기념일은 다음과 같이 교사가 중국어로 날짜를 먼저 불러 주면 학생들이 적어 보게 한다.
   ◆ 1. 중국의 어린이날은 '六月一号'입니다.
   2. 한국의 스승의 날은 '五月十五号'입니다.
   3. 중국의 스승의 날은 '九月十号'입니다.
   4. 한국의 개천절은 '十月三号'입니다.
   5. 중국의 국경절은 '十月一号'입니다.

지도 tip
한국과 중국의 기념일을 서로 비교하는 것은 학생들이 날짜를 제대로 듣고 구분할 수 있는 지의 능력을 점검하기 위함이므로, '儿童节(Értóngjié 어린이날)', '教师节(Jiàoshījié 스승의 날)', '国庆节(Guóqìngjié 국경절)'와 같은 기념일에 해당하는 용어를 모두 기억하도록 강요할 필요는 없다.

보충
한국과 중국의 기념일 차이
우리나라에서 10월 1일은 국군의 날이지만, 중국의 10월 1일은 중화인민공화국의 건국 기념일로 우리나라의 개천절에 해당한다. 중국에서는 보통 10월 1일부터 3일까지 3일간을 법정 공휴일로 지정하고 있으며, 이날 매년 수많은 사람들이 천안문 광장에 모이고, 성대한 행사가 진행된다.
이 밖에도 우리나라는 아버지, 어머니에 대한 존경을 되새기자는 뜻으로 제정된 기념일인 '어버이날(5월 8일 父母节)'이 있는 반면, 중국은 '아버지의 날(6월 셋째 주 일요일)'과 '어머니의 날(5월 둘째 주 일요일)'을 따로 지정하여 보내고 있다. 한편 중국어로 아버지의 날은 '父亲节', 어머니의 날은 '母亲节'라고 한다.

玩一玩 신나게 놀아 봐요

- 노래로 배워요 : 생일 축하해!

① 노래에 등장하는 새 단어를 학습한 후, '생일 축하합니다!'에 해당하는 중국어 문장 '祝你生日快乐!'를 연습한다.

② 문장 읽기가 익숙해지면, 멜로디에 맞추어 노래를 불러 본다.

◆ 학생들에게 친숙한 노래이고, 가사가 중복되므로 노래를 부르며 문장에 익숙해질 수 있다.

③ 활동을 통해 같은 달에 생일인 친구들끼리 모둠을 형성하여 다른 모둠의 친구들을 향해 축하 노래를 불러 주게 할 수도 있다.

④ 본 교재에 실린 생일 축하 노래가 가장 많이 사용되나, 아래와 같이 응용하여 부를 수도 있다.

보충

1)

祝你生日快乐! Zhù nǐ shēngrì kuàilè!
생일 축하합니다!

祝你生日快乐! Zhù nǐ shēngrì kuàilè!
생일 축하합니다!

祝你幸福。 Zhù nǐ xìngfú.
행복하세요.

祝你健康。 Zhù nǐ jiànkāng.
건강하세요.

祝你生日快乐! Zhù nǐ shēngrì kuàilè!
생일 축하합니다!

2)

祝你生日快乐! Zhù nǐ shēngrì kuàilè!
생일 축하합니다!

祝你生日快乐! Zhù nǐ shēngrì kuàilè!
생일 축하합니다!

亲爱的○○○(친구 이름)。 Qīn'ài de ○○○.
사랑하는 ○○○.

祝你生日快乐! Zhù nǐ shēngrì kuàilè!
생일 축하합니다!

새 단어

幸福 xìngfú 행복하다 | 健康 jiànkāng 건강하다 | 亲爱 qīn'ài 사랑하다

마무리하기

1. 학습 내용 정리

① 학습한 표현을 우리말로 제시하고 이를 중국어로 말해 보게 한다.

② 임의로 달력 표를 만들어 질문하고 대답하는 연습을 한다.

보충

5월 달력

星期天	星期一	星期二	星期三	星期四	星期五	星期六
1 근로자의날 劳动节	2	3	4	5 어린이날 儿童节	6	7
8 어버이날 父母节	9	10	11	12	13	14
15	16	17 오늘 今天	18	19	20	21
22	23	24	25	26	27	28 생일 生日

2. 과제 부여

날짜와 요일 묻기를 연습해 오도록 한다.

那是老师的书吗? 그것은 선생님의 책이에요?

단원 소개 및 학습 내용

다양한 사물의 명칭을 학습하고, 가까이 있는 사물과 멀리 있는 사물을 묻고 답하는 방법을 익힌다. 또한 사물의 소유를 묻고 답할 수 있다.

단원 학습 목표

1. 운모 'uan un(uen) uang ueng'과 관련된 발음을 정확하게 할 수 있다.
2. 사물의 명칭을 묻고 답할 수 있다.
3. 사물의 소유를 묻고 답할 수 있다.

단원 지도 계획

차시	교재 범위	학습 단계	학습 내용
1	76~79쪽	문화	하나를 알면 열을 알 수 있는 중국어?
		발음	운모 'uan un(uen) uang ueng'과 성모 'z c s zh ch sh r'
		새 단어	본문 새 단어 학습 쓰기 연습(这, 那)
2	80~81쪽	회화	가까이 있는 사물 묻고 답하기
			멀리 있는 사물 묻고 답하기
3	82~83쪽	교체 연습	'这', '那'를 활용한 사물 묻고 답하기 사물의 소유 묻고 답하기
		연습 문제	발음 및 본문 내용 관련 문제 풀기
4	84~85쪽	확장 연습	교실 안 사물 명칭 익히기
		활동	단어를 찾아요!

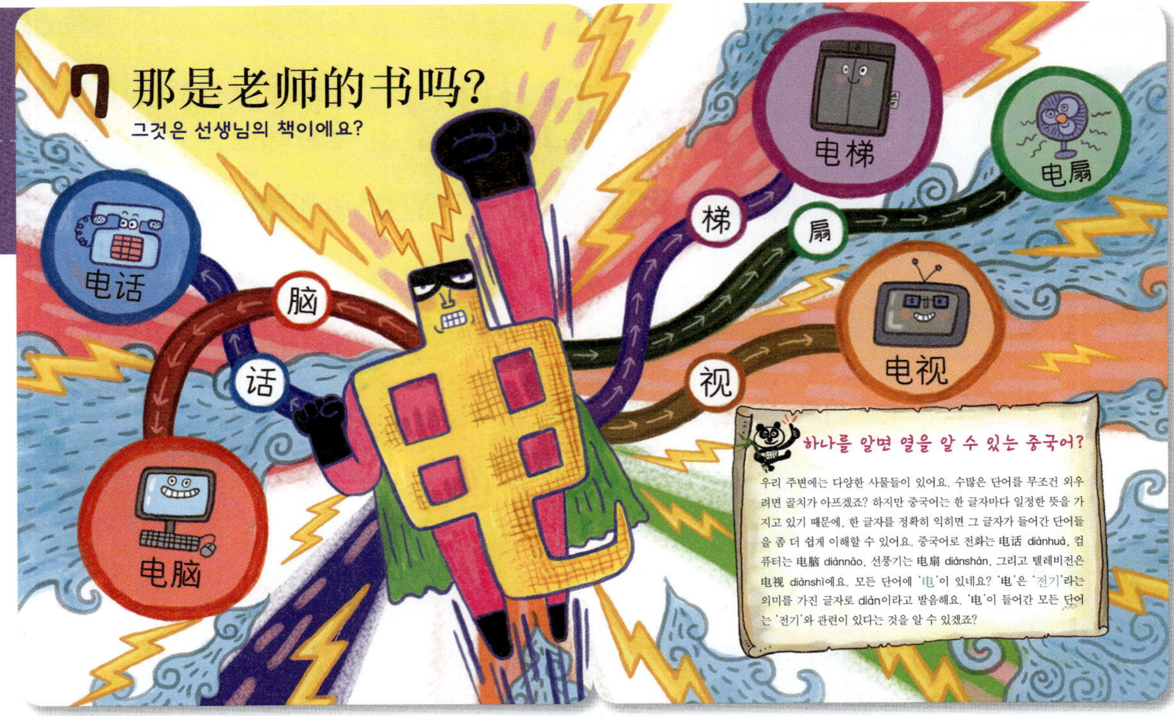

학습 목표

- 뜻글자인 한자의 특징을 이해하여 단어를 익히는 방법을 이해한다.
- 운모 'uan un(uen) uang ueng'과 성모 'zh ch sh r z c s'를 결합하여 발음할 수 있다.
- 새 단어의 발음과 뜻을 익히고, 획순에 맞게 쓸 수 있다.

수업 준비물

교재, 멀티 CD

들어가기

1. 지난 시간 복습

① 과제를 확인한다.

② 날짜, 요일 표현을 묻고 대답하는 방식으로 지난 차시에 학습한 내용을 확인한다.

2. 새로 배울 내용 소개

① 그림과 문화 내용을 살펴보면서 이번 단원에서 배울 내용이 무엇인지 유추해 보게 한다.

◆ 먼저 그림을 보고 각각 어떤 사물인지 말해 보게 한다. '电'이 '전기'라는 뜻을 가지고 있음을 알려 주고, '电话', '电脑', '电梯' 등과 같이 '电'이 포함된 어휘들은 자연스럽게 전기와 연관이 있음을 추측해 보도록 지도한다.

② 새로운 내용을 학습하기에 앞서 가볍게 발음 연습을 하고, 새로운 단어를 익혀 보는 시간임을 알려 준다.

펼치기

- 문화 소개 : '电'과 합체, 난 누구일까요?

① 본문 내용과 관련된 문화 소재를 활용하여 학습 동기를 부여한다.

◆ 많은 학생들이 한자를 어렵게 느끼지만, 한자는 뜻을 포함한 문자이므로 각각의 글자 하나만 제대로 알아도 단어의 의미를 쉽게 파악하고 기억할 수 있음을 설명한다. 구체적인 단어를 예로 들어 이해를 도울 수 있다.

'电'이 들어간 단어에는 그림과 학습 소재에 언급한 것 외에도 '电池(diànchí 배터리)', '电灯(diàndēng 전등)', '电线(diànxiàn 전선)', '电影(diànyǐng 영화)', '电邮(diànyóu 이메일)', '电站(diànzhàn 발전소)' 등이 있다. 고학년의 경우에는 발음 연습을 위해 교사가 발음을 들려 주고 학생들은 해당하는 어휘 아래에 한어병음을 적어 보도록 지도할 수 있다.

지도 tip

저학년을 위한 한자의 지도는 구체적인 사물 인지 능력을 이용한 재미있는 사진이나 그림 등의 시각적인 자극을 활용하는 것이 효과적이다. 그러나 고학년의 경우에는 표의문자인 한자의 특성을 이해하도록 지도함으로써 향후 학습에 근본적인 도움을 줄 수 있다. 특정한 의미를 내포한 한자를 먼저 소개하고 각 단어가 어떤 뜻을 갖는지 유추하는 기회를 제공함으로써 학습자의 흥미를 유발하는 동시에 어휘 확장의 학습 효과를 도모할 수 있다.

② 본문의 문화 내용을 함께 읽어 본다.

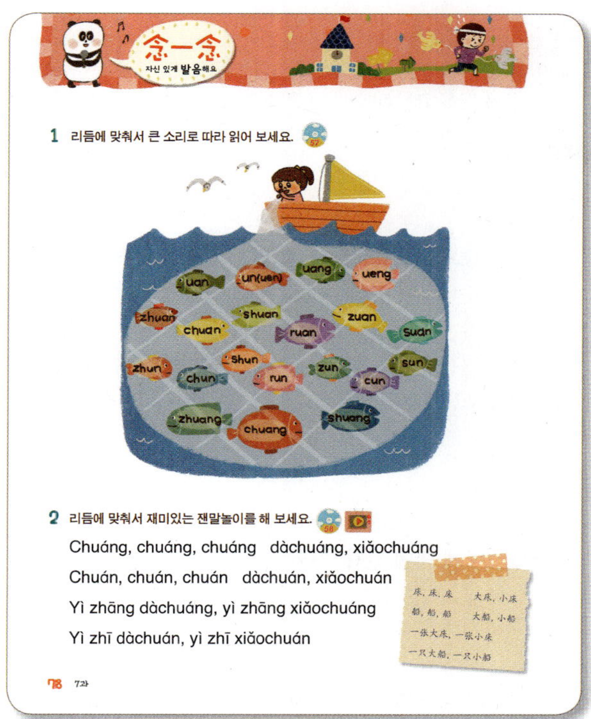

보충

하나를 알면 열을 알 수 있는 중국어

1) 手

'手'는 '손'이라는 의미를 지닌 글자로 'shǒu'라고 발음한다. 손과 관련 있는 '手'가 들어간 단어에는 '手机(shǒujī 휴대전화)', '手套(shǒutào 장갑)', '手链(shǒuliàn 팔찌)', '手纸(shǒuzhǐ 휴지)', '手把(shǒubà 핸들)' 등이 있다.

2) 氵(水)

물과 관련 있는 '氵(水)'가 들어간 단어에는 '江(jiāng 강)', '河(hé 하천)', '油(yóu 기름)' 등이 있다.

다양한 예시를 들어 이해를 도우려는 목적으로 지나치게 많은 단어를 소개하는 것은 학생들에게 오히려 학습에 대한 부담감을 줄 수 있으므로 교사는 학생의 수준을 고려하여 추가적으로 제시할 단어의 수를 적절하게 결정한다. 혹은 이러한 글자들이 등장할 때마다 수시로 간단하게 언급하고 넘어간다.

③ 이번 과에서 배우는 내용과 연관이 있음을 언급하고 수업을 시작한다.

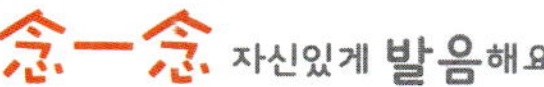

1. 발음 연습

① 녹음을 들려 주고 따라 읽게 한다.

② 쉽게 틀리는 발음이 무엇인지 파악하고 교정해 준다.

◆ 'u'를 포함한 운모 'uan un(uen) uang ueng'에서 'n'과 'ng'은 콧소리로 발음함을 설명한다. 'uen'은 성모와 결합하면 가운데 'e'를 생략하여 표기하지만, 'e'의 발음이 완전히 탈락된 것은 아니므로 주의하여 발음을 할 수 있도록 지도한다.

예 棍 gùn 나무방망이 | 混 hùn 섞다 | 吞 tūn 삼키다

설치음 'z c s'와 권설음 'zh ch sh r'를 구분하여 연습하도록 지도한다.

2. 잰말놀이

본 교재의 잰말놀이 부분은 중국어 발음을 유창하게 할 수 있도록 돕는 것이 목적이다. 발음을 연습하는 과정에서 단어의 학습이 이루어질 수는 있으나, 교사가 문법이나 단어 학습에 비중을 두기보다는 학습자가 정확한 중국어 발음을 자연스럽게 익힐 수 있도록 지도한다.

① 리듬에 맞춰 가볍게 따라 읽게 한다.

② 부정확하거나 쉽게 틀리는 발음이 무엇인지 파악하고 교정한다.

③ 연습 정도에 따라 속도를 조절하여 능숙하게 발음할 수 있도록 지도한다.

④ 간단한 동작이나 율동을 통해서 잰말놀이에 포함된 단어의 뜻을 기억하도록 지도할 수 있다.

⑤ 큰 소리로 발음하면서 동작을 함께 해 본다.

⑥ 익숙해지면 속도에 변화를 주면서 연습해 볼 수 있다.

보충

'床'과 '船'

주요 단어가 동일하지만, 내용이 다른 잰말놀이를 활용할 수도 있다.

船上有张床
Chuán shang yǒu zhāng chuáng
배 위에 침대 한 개가 있어요.

床上有只船
Chuáng shang yǒu zhī chuán
침대 위에 배 한 척이 있어요.

不知是船装床
Bù zhī shì chuán zhuāng chuáng
배가 침대를 싣고 있는지

还是床装船
Háishì chuáng zhuāng chuán
침대가 배를 싣고 있는지 모르겠네요.

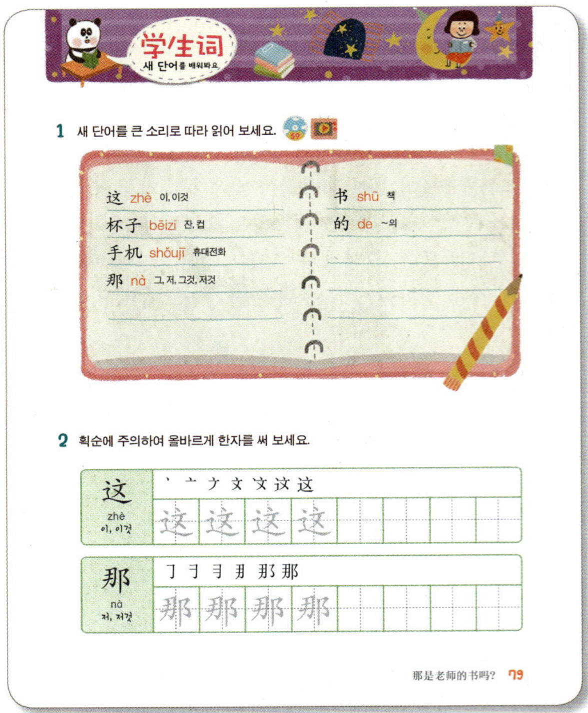

学生词 새 단어를 배워봐요

1 새 단어를 큰 소리로 따라 읽어 보세요.

这 zhè 이, 이것
杯子 bēizi 잔, 컵
手机 shǒujī 휴대전화
那 nà 그, 저, 그것, 저것
书 shū 책
的 de ~의

2 획순에 주의하여 올바르게 한자를 써 보세요.

这 zhè 이, 이것	丶 亠 亣 文 㐅文 汶 这
那 nà 저, 저것	𠃌 ㇇ 彐 丮 那 那

那是老师的书吗? 79

学生词 새 단어를 배워봐요

1. 어휘 학습

① 녹음을 듣고 큰 소리로 따라 읽게 한다.

② 단어의 의미와 주의해야 할 발음을 설명한다.

> **这** zhè 이, 이것
> '这'의 발음을 우리말의 '저것'과 혼동하지 않도록 강조하여 지도한다. 중국어에서 '저것'은 '那'이기 때문이다.
>
> **杯子** bēizi 잔, 컵
> '子'는 원래 제3성이지만, 명사형 어미로 쓰일 때에는 경성으로 발음함을 유의하여 지도한다.
>
> **那** nà 저, 저것
> '哪 nǎ'와 헷갈리지 않게 발음에 주의하여 지도한다.
>
> **的** de ~의, ~의 것
> 일반적으로 소속, 소유의 의미를 나타낸다.

③ 녹음을 다시 듣고 따라 읽게 한다.

지도 tip

- '子'는 제3성으로 발음하는 경우보다 명사형 어미로 쓰여서 경성으로 발음하는 경우가 대부분이므로 다양한 예시를 통해 자연스럽게 지도할 수 있도록 한다.
  예 桌子 | 椅子 | 儿子
- 가까이 있는 것을 가리키는 '这'는 우리말의 '저'와 발음이 비슷하기 때문에 의미를 혼동해서 '저(것)'이라고 잘못 해석하는 경우가 있으므로 유의하여 지도하도록 한다. '这이那저'와 같이 네 글자를 하나의 단어처럼 인식하도록 반복하여 말하거나 간단한 음을 활용하는 것도 좋은 방법이다. 교실에 있는 물건이나 다양한 그림 자료, 교구 등을 활용한 설명을 통해 '这', '那', '哪'의 의미를 제대로 파악하고 익힐 수 있도록 하는 것도 좋은 방법이다.

2. 쓰기 연습

① 교사는 중요 단어를 칠판에 쓰면서 획순을 알려 준다.

② 획순에 주의하여 학생 스스로 써 보도록 한다.

③ 학생들이 잘못 쓰는 글자를 다시 한 번 짚어 준다.

④ 학생이 칠판 앞으로 나와서 교사가 지정해 준 한자를 획순에 맞게 써 보고 발음해 보도록 한다.

这 부수 辶 총 7획

- '文'을 먼저 쓰고 받침을 나중에 쓴다.
- '辶'은 세 번에 걸쳐 쓴다.

丶 亠 亣 文 㐅文 汶 这

那 부수 阝 총 6획

- 왼쪽에서 오른쪽으로 쓴다.
- 부수 '阝'은 오른쪽 부분을 먼저 쓰고 세로획을 나중에 쓴다.
- '卽'의 '卩'의 모양과 비슷하니 헷갈리지 않도록 지도한다.

𠃌 ㇇ 彐 丮 那 那

참고 사이트

http://www.yes-chinese.com/tzg/
→ 획순이 포함된 쓰기 활동지를 만들 수 있다.

http://www.shuifeng.net/Dic/html/index141.htm
→ 간체자 획순을 확인할 수 있다.

http://nlp.blcu.edu.cn/others/center/sys/bishun/flash.php
→ 한자의 획순을 확인할 수 있다.

http://hanyu.iciba.com/hanzi/8078.shtml
→ 한자의 부수, 총 획수를 확인할 수 있다.

마무리하기

1. 학습 내용 정리

수업 내용에 관한 질문을 통해 학생들의 이해도를 점검한다. 학생들이 특히 어려워하는 부분이 어디인지 확인하고, 다시 한 번 짚고 넘어간다.

2. 과제 부여

① 78쪽의 '발음 연습'과 '잰말놀이'를 읽어 오게 한다.

② 학습한 단어의 뜻과 한어병음이 익숙해질 수 있도록 멀티 CD (TRACK 59)를 반복해서 듣고 오게 한다.

2차시 80~81쪽

학습 목표

- 가까이 있는 사물을 묻고 답할 수 있다.
- 멀리 있는 사물을 묻고 답할 수 있다.

수업 준비물

교재, 멀티 CD

들어가기

1. 지난 시간 복습

① 과제를 확인한다.

② 그림 자료나 PPT 등의 시각 자료를 활용하여 지난 차시에 다룬 문화 관련 내용을 확인한다.

2. 새로 배울 내용 소개

① 학습 목표를 소개한다.

② 본문의 그림을 보고 어떤 상황인지 유추해 보도록 한다.

펼치기

一起说 친구들과 대화해요

1. 단어 확인하기

① 단어 카드를 활용하여 지난 시간에 학습한 단어를 읽어 보게 한다. 멀티 CD의 단어 플래시를 활용하여 단어를 복습할 수도 있다.

② 교사가 중국어로 단어를 제시하면 학생들은 우리말로 그 단어의 뜻을 말한다.

③ 학생들이 단어의 뜻을 정확하게 이해했다면 교사는 학생들에게 우리말로 단어를 제시하고, 중국어로 대답해 보게 한다.

2. 녹음 듣고 문장 연습하기

① 녹음을 들려 주고 따라 읽게 한다.

② 문장 단위로 따라 읽게 하고 해석한다.

본문 해석

东海	这是什么? 이것은 무엇이니?
惠敏	这是杯子。 이것은 컵이야.
东海	这是谁的手机? 이것은 누구의 휴대전화니?
惠敏	这是我的手机。 이것은 나의 휴대전화야.

본문 해석

大卫	那是老师的书吗? 저것은 선생님의 책이니?
丽丽	不是，那是我的书。 아니, 저것은 내 책이야.

③ 교재의 문장을 정확한 발음으로 읽어 보도록 한다.

◆ 권설음 'zh ch sh'가 많이 나오므로 발음에 주의하여 연습할 수 있도록 지도한다.

④ 짝끼리 또는 모둠별로 역할을 나누고 대화문을 연습하도록 한다. 역할을 바꾸어 가면서 연습하도록 지도하여 반복적인 연습이 지루해지지 않도록 주의한다.

⑤ 간체자만 보고 본문을 읽는 연습을 한다.

지도 tip

교실 안에 있는 여러 가지 물건을 가리키면서 '这'와 '那'의 차이를 자연스럽게 습득할 수 있게 지도한다.

- 말하는 이와 듣는 이 모두에게 가까이 있는 물건을 가리킬 때
  → 这是什么?
- 말하는 이와 듣는 이 모두에게 멀리 있는 물건을 가리킬 때
  → 那是什么?
- 말하는 이에게는 멀리 있고, 듣는 이에게는 가까이 있는 물건을 가리킬 때
  → 那是什么?로 묻고, '这是＋물건 명칭'으로 대답한다.

교사가 지목하는 물건이 교사에게서는 가깝고 학생들에게서는 멀거나 혹은 그 반대의 상황인 경우에는 반드시 공간상의 거리 개념을 학생들이 고려하면서 대답할 수 있도록 지도해야 한다.

3. 문장 듣고 해석하기

교사가 읽어 주는 내용을 듣고 우리말로 해석하게 한다.

4. 해석 듣고 중국어 문장으로 말하기

① 실제 대화하는 것처럼 자연스럽게 말하도록 지도한다.

② 짝과 함께 회화 내용을 연습하고, 역할을 바꾸어 가며 연습하도록 지도한다.

보충

중국어로 하는 스무고개

'추측하기 게임'을 통해 말하기 지도를 할 수 있다. '추측하기 게임'은 어떤 사실을 알고 있는 사람에게 그 사실을 모르고 있는 사람이 질문을 해서 정답을 알아 맞히는 게임이다. 우리나라의 '스무고개' 게임과 비슷하지만, 아직은 중국어로 자유롭게 질문할 수 있는 수준에 도달하지 못했으므로 중국어 수업 시간에 진행하는 '추측하기 게임'은 대개 단순하게 단어를 사용한 표현이 주를 이루게 된다.

본 과의 학습 내용을 활용하여 다음과 같이 게임을 진행할 수 있다.

- 교사가 물건이 안 보이도록 상자 혹은 주머니에 넣고 학생들을 향해 '这是什么?'라고 물어보면 학생들이 그 물건의 이름을 중국어로 대답한다. 고학년의 경우에는 또래 집단끼리의 활동을 선호하는 경향이 있으므로 몇 명의 학생끼리 조를 이루게 하여 각 조 대항으로 진행할 수 있다. 그러나 저학년의 경우에는 교사와 학생의 1:1 관계를 비교적 선호하므로 개인별 활동으로 진행을 하는 것이 효과적이다.
- 상자나 주머니에 넣어둔 물건을 직접 학생들이 만져 보고 그 이름을 중국어로 맞춰 보는 게임으로 응용할 수도 있다. 이때 실제 교구로 활용되는 물건은 안전성의 여부를 반드시 고려하여야 한다. 영상 기자재나 멀티미디어 활용이 가능한 환경이라면 물건의 그림 또는 사진을 흐릿하게 설정하여 보여 주고 그 물건의 이름을 중국어로 맞추는 활동도 할 수 있다. 다른 활동에 비해 학생들이 PPT나 사진 자료 등을 집중해서 봐야 하므로 교사가 수업 분위기를 통제하기에는 비교적 수월할 수 있다. 학생들의 집중도가 떨어지면 PPT나 사진 자료를 보여 주는 시간을 짧게 주거나 다음 자료로 빨리 넘기는 등 시간 완급 조절을 통해 수업을 진행한다.

결과에 따라 점수를 부여하는 방식으로 활동을 진행할 경우에는 학습 이해도가 높은 소수의 학생들에게 점수가 집중될 수 있다. 따라서 한 반을 두 팀으로 크게 나누고 대답을 한 학생이 포함된 팀에 점수를 주는 방식으로 진행하는 것이 좋다. 교사는 팀별 게임의 진행에 앞서 이해도가 우수한 학생이 각 팀에 골고루 포함될 수 있도록 팀원의 중국어 수준을 조절한다. 또한 태도가 바른 학생들에게도 점수를 얻을 수 있는 기회를 주어 수업에 적극적이고 바른 자세로 동참할 수 있도록 독려한다.

마무리하기

1. 학습 내용 정리

학습 내용을 다시 한 번 확인한다. 멀티 CD 회화 애니메이션의 자막을 변경해 가며 회화 내용을 확실히 익혔는지 확인해 볼 수 있다.

2. 과제 부여

① 본문을 세 번씩 큰 소리로 읽어 오도록 한다.

② 짝과 함께 역할을 분담하여 대화하는 연습을 해 오게 한다.

3차시 82~83쪽

학습 목표

- '这', '那'를 활용하여 사물에 대해 묻고 답할 수 있다.
- '的'를 활용하여 사물의 소유를 표현할 수 있다.

수업 준비물

교재, 음성 자료

들어가기

1. 지난 시간 복습

① 과제를 확인한다.

② 지난 차시 학습 내용을 확인한다.
사물에 대해 묻고 답하는 표현을 문답식으로 확인하거나, 상황에 맞는 그림 혹은 PPT 자료를 활용하여 확인한다.

2. 새로 배울 내용 소개

① 학습 목표를 소개한다.

② 주제와 관련된 내용을 소개한다.

펼치기

学一学 차근차근 익혀봐요

1. '这'와 '那'를 활용한 표현

① 녹음을 듣고 정확한 발음으로 따라 읽도록 지도한다.

② 새 단어의 의미를 확인하고 문장으로 연습해 본다.

③ 제시된 문장을 교사와 학생이 번갈아 읽어 본다.

> 这是什么? 이것은 뭐야?
> 这是电脑。 이것은 컴퓨터야.
>
> 밑줄 친 부분을 바꿔서 말해봐요!
> 这是什么? 이것은 뭐야?
> 这是桌子。 이것은 책상이야.
> 这是椅子。 이것은 의자야.
> 那是什么? 저것은 뭐야?
> 那是手机。 저것은 휴대전화야.
> 那是杯子。 저것은 컵이야.
> 那是电视。 저것은 텔레비전이야.

지도 tip

만약 '这'와 '那'에 대한 연습이 충분히 된 상태이고 학생들이 교재에 제시된 물건의 명칭을 숙지했다면 교실에서 자주 사용하는 사물의 사진이나 그림 카드를 준비하여 가까운 곳과 먼 곳에 각각 배치한다. 이를 활용하여 실제 상황에 맞는 대화 연습을 할 수 있다.

2. '的'를 사용한 표현

① 녹음을 듣고 정확한 발음으로 따라 읽도록 지도한다.

② 새 단어의 의미를 확인하고 문장으로 연습해 본다.

③ 제시된 문장을 교사와 학생이 번갈아 읽어 본다.

> 这是我的书。 이건 내 책이야.

◆ '我'를 이용하여 충분한 연습을 마쳤다면, '她', '他', '我们' 등 다른 주어를 이용하여 사물이 누구의 것인지를 표현하는 연습을 할 수 있다.

예 他的衣服 그의 옷
她是我的妹妹。 그녀는 나의 여동생이다.

대화를 나누는 사람들이 '的' 뒤의 명사가 무엇인지 알고 있다면 다음과 같이 '的' 뒤의 내용을 생략할 수도 있다.

예 那是我的。 저것은 내 것이다.

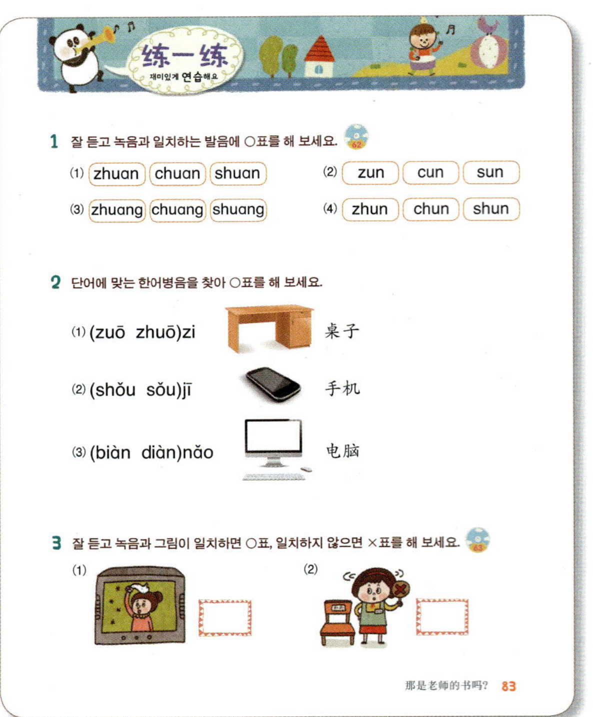

练一练 재미있게 연습해요

1 잘 듣고 녹음과 일치하는 발음에 ○표를 해 보세요.

(1) zhuan chuan shuan (2) zun cun sun

(3) zhuang chuang shuang (4) zhun chun shun

2 단어에 맞는 한어병음을 찾아 ○표를 해 보세요.

(1) (zuō zhuō)zi 桌子

(2) (shǒu sǒu)jī 手机

(3) (biàn diàn)nǎo 电脑

3 잘 듣고 녹음과 그림이 일치하면 ○표, 일치하지 않으면 ×표를 해 보세요.

(1) (2)

那是老师的书吗? 83

练一练 재미있게 연습해요

1. 녹음과 일치하는 발음에 ○표하기
   ① 녹음을 들려 준 후, 문제를 풀게 한다.
   ② 정답을 확인하고, 문제 풀이를 한다.
   ③ 녹음을 다시 한 번 듣고 따라 읽게 한다.

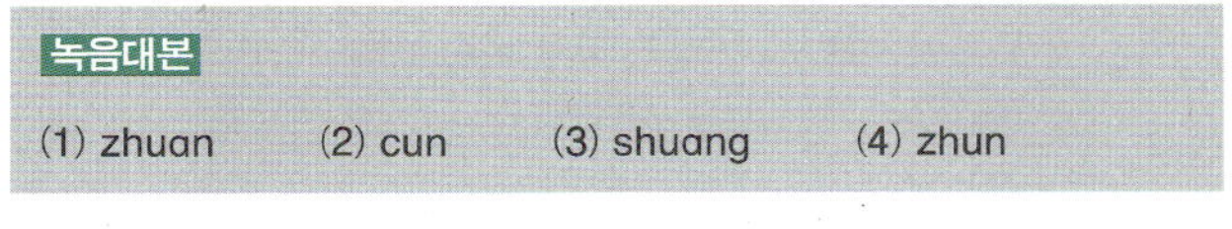

녹음대본

(1) zhuan (2) cun (3) shuang (4) zhun

[정답] (1) zhuan (2) cun (3) shuang (4) zhun

지도 tip

권설음 'zh ch sh r'는 혀끝을 말아 윗잇몸의 뒤쪽에 붙였다 떼거나 가까이 대고 내는 소리이다. 우리말에 없는 발음이므로 학생들이 최대한 많이 듣고 따라 연습하면서 발음에 익숙해 질 수 있도록 한다.
설치음 'z c s'는 혀끝을 아랫니의 뒷면에 붙였다 떼거나, 혀끝을 아랫니 뒷면에 가까이 대고 내는 소리이다. 만약 발음할 때 손을 입 쪽에 대면 바람이 새는 느낌이 나야 함을 알려 준다. 권설음과 설치음 발음이 헷갈리지 않게 반복 연습을 할 수 있도록 지도한다.

2. 단어에 맞는 한어병음에 ○표하기
   ① 알맞은 한어병음을 골라 표시하게 한다.
   ② 정답을 확인하고, 문제 풀이를 한다.
   ③ 해당 단어를 큰 소리로 읽어 보게 한다.

[정답] (1) zhuōzi 桌子 (2) shǒujī 手机 (3) diànnǎo 电脑

3. 잘 듣고 녹음과 그림이 일치하는지 판단하기
   ① 녹음을 들려준 후, 문제를 풀게 한다.
   ② 정답을 확인하고, 문제 풀이를 한다.
   ③ 큰 소리로 문장을 읽어 보게 한다.

녹음대본

(1) A：这是什么？ Zhè shì shénme?
이것은 무엇입니까?
B：这是电脑。 Zhè shì diànnǎo.
이것은 컴퓨터입니다.

(2) A：这是你的椅子吗？ Zhè shì nǐ de yǐzi ma?
이것은 당신의 의자입니까?
B：这不是我的椅子。 Zhè bú shì wǒ de yǐzi.
이것은 내 의자가 아닙니다.

[정답] (1) × (2) ○

지도 tip

주어진 최소 단위의 음을 정확하게 변별하는 능력은 중국어 의사소통 능력 향상을 위한 가장 기본적인 전제 조건이 되므로 소홀히 다루어서는 안 된다. 효과적인 듣기 학습이 되기 위해서는 학습자의 특성과 수준을 고려하여 들려 주는 내용의 양이나 속도, 난이도 등을 적절하게 조절하고 게임, 노래, 잰말놀이 등 다양한 활동과 듣기를 접목한 방법을 통한 듣기 지도가 필요하다.
어린 연령의 학습자를 대상으로 진행하는 듣기 연습은 주로 교사가 들려 주는 음성 자료를 듣고 따라 하거나 내용의 이해 여부를 점검하는 방식이다. 아직까지는 학생들의 중국어 실력이 실제적인 의사소통 상황에서의 듣기 활동까지 기대할 수준은 아니므로 일방적인 듣기 활동 방식을 선택하는 경우가 대부분이다. 특히 정확한 발음 지도를 위해서 듣고 따라 하는 기계적인 연습이 강조될 수 밖에 없는데 이러한 반복은 학습자들이 쉽게 지루함을 느낄 수 있으므로 주의한다. 따라서 교사는 타인의 대화, 안내 방송, 녹음 메시지, TV나 영화 등에서 나오는 학습 내용과 관련된 여러 유형의 음성 자료를 충분히 확보하여 학생들이 평소에 더욱 다양한 듣기 자료에 노출될 수 있도록 세심한 노력이 필요하다.

시간적 여유가 있을 경우 워크북 문제도 함께 풀어 볼 수 있다. 워크북을 푸는 과정을 통해 학생들에게는 학습한 내용을 한 번 더 확인하는 기회를 제공하고, 교사는 학생들의 이해 정도를 파악하여 필요한 지도를 보충하거나 다음 수업의 난이도를 조정할 수 있다.

마무리하기

1. 학습 내용 정리
   ① 学一学에서 학습한 내용을 정확히 이해했는지 확인한다.
   ② 연습 문제에서 학생들이 자주 오류를 범하는 문제에 대해 다시 한 번 정리한다.

2. 과제 부여
   이번 시간에 학습한 내용을 자연스럽게 표현할 수 있도록 연습해 오도록 한다.

4차시 84~85쪽

학습 목표

- 교실 안 사물의 명칭을 학습하고, 무엇인지 묻고 답할 수 있다.
- 단어 찾기 게임을 통해 본 차시 학습 단어를 익히고, 한어병음 쓰기를 할 수 있다.

수업 준비물

교재, 멀티 CD

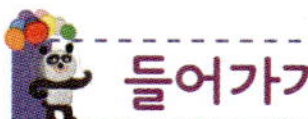

들어가기

1. 지난 시간 복습
   ① 과제를 확인한다.
   ② 学一学에서 다룬 표현을 함께 읽어 보거나 간단한 질문을 통해 복습한다.

2. 새로 배울 내용 소개
   ① 학습 목표를 소개한다.
   ② 주제와 관련된 내용을 소개한다.

펼치기

高一高 실력을 쑥쑥 키워요

- 교실 안 사물 명칭 익히기
   ① 교실 안에 있는 물건들 중 중국어로 말할 수 있는 것이 무엇이 있는지 확인한다.
   ② 새 단어를 학습한다.
   ③ 사물 이름이 적힌 단어 카드를 준비하여 실제 사물에 해당 단어 카드를 붙이게 한다.
   ◆ 실제 사물에 단어 카드를 부착할 때, 자국이 남지 않고 쉽게 떼어낼 수 있는지 확인한 후 테이프를 사용한다.
   ④ 교사가 자리를 이동하면서 '这'와 '那'를 이용하여 사물에 대해 물어 본다.
   ◆ A: 这是什么? Zhè shì shénme?
   이것은 무엇입니까?
   B: 这是__________。 Zhè shì __________.
   이것은 __________ 입니다.
   A: 那是什么? Nà shì shénme?
   그것은 무엇입니까?
   B: 那是__________。 Nà shì __________.
   그것은 __________ 입니다.
   ④ 교사가 한 학생을 지목하여 그 학생이 질문하게 하고, 나머지 학생들이 대답하는 형식으로 수업을 진행하거나 짝꿍끼리 서로 묻고 대답해 보는 연습을 하도록 한다.

보충

학생들의 이해 정도에 따라 아래와 같은 심화 활동을 진행할 수 있다.

1) 학생들이 궁금해 하는 사물 명칭을 추가적으로 알려 주어 연습할 수 있다.
   예 汉语书 Hànyǔshū 중국어책 | 英语书 Yīngyǔshū 영어책
   尺子 chǐzi 자 | 圆珠笔 yuánzhūbǐ 볼펜
   自动铅笔 zìdòngqiānbǐ 샤프 | 月历 yuèlì 달력
   课程表 kèchéngbiǎo 시간표 | 空调 kōngtiáo 에어컨디셔너

2) '소유'를 나타내는 구조조사 '的 de'를 활용하여 누구의 것인지를 말하는 연습을 할 수 있다.

교사가 직접 학생에게 사물을 가리키며 '这是谁的+사물 명칭?'이라고 물으면 학생이 '这是我的+사물 명칭。'이라고 대답하고, 질문을 받은 학생이 다시 다른 학생에게 다른 사물에 대해 물어 보게 할 수도 있다. '这'뿐 아니라 '那'를 사용하여 화자의 물건의 위치에 따라 말하는 방법이 다름을 충분히 연습할 수 있도록 한다.

玩一玩 신나게 놀아 봐요

- 단어를 찾아요!

① 학습한 단어들을 기억하고 해당 단어의 한어병음을 그림 아래에 적게 한다.

보충

黑板 hēibǎn	칠판	**书包** shūbāo	책가방
剪刀 jiǎndāo	가위	**铅笔** qiānbǐ	연필

② 한어병음의 성조를 무시하고 아래 표에서 찾아 표시하도록 한다. 줄을 그어 지우거나 테두리선을 그리는 등의 방식을 자유롭게 선택한다.

③ 표에서 단어를 찾은 경우에 한해 해당하는 단어의 간체자를 따라 쓰는 연습을 진행할 수 있다. 빠른 시간 내에 가장 많은 간체자를 쓴 학생이 이기는 활동이다.

지도 tip

- 승자와 패자의 구분 없이, 끝까지 최선을 다해 참여한 모든 학생에게 도장이나 스탬프를 찍어 주어 적극적이고 긍정적인 학급 분위기를 조성할 수 있다.
- 고학년은 시간을 정하고, 제한된 시간 내에 얼마나 많은 단어를 찾는지를 겨뤄 볼 수 있다.
- 지나치게 경쟁을 하는 분위기가 형성되거나 미리 포기해 버리는 학생이 생기지 않도록 주의를 기울여야 한다.

지도 tip

교사는 아래의 몇 가지 방법을 통해 학생들의 학습 동기를 고취시킬 수 있다.

1. 구체적인 목표를 제시한다.
본 수업에서 학습할 내용과 달성해야 하는 목표가 무엇인지를 명시화하여 학습자가 수업 목표 달성 여부를 스스로 체크할 수 있도록 한다.

2. 공부 방법에 대해 자세히 안내한다.
중국어를 공부하고 싶은 마음은 있으나 방법을 몰라 어려움을 느끼는 학생들에게 중국어 학습을 위한 효과적인 공부 방법을 알려줌으로써 학습 동기를 부여한다.

3. 적절한 칭찬으로 자신감을 준다.
중국어에 익숙하지 않은 학생들은 자신감이 부족하므로 학습에 대한 자신감을 갖도록 학습자 개개인의 장점에 대한 격려와 구체적인 칭찬을 해준다. 무조건적인 칭찬은 금물이며 학습 태도가 좋지 않을 때는 정확하게 지도하여 교사의 칭찬과 지적에는 명확한 기준이 있음을 인식시킨다.

4. 수행 결과에 대해 관심을 가져 준다.
어린 학생들은 자신의 일에 관심을 가져 주면 잘하고자 하는 마음이 생긴다. 따라서 학생의 중국어 학습에 관심을 가져 주고 지켜봐 주어야 한다.

5. 소속감과 경쟁심을 갖게 한다.
중국어 공부는 혼자하는 것보다 집단에 소속된 소속감을 느끼고 적절한 경쟁심을 가질 때 더욱 효과적이다. 단, 과도한 경쟁 의식은 지양한다.

6. 경험과 실제 생활을 학습에 연결시킨다.
학생들이 이미 경험한 것이나 실제 생활을 중국어 학습과 연결시켜 제시함으로써 이해를 돕고 기억을 강화시켜 준다.

이 밖에도 학생의 학습 동기를 높이기 위한 다양한 지도 요령이 있지만 우선은 수업에서 쉽게 실천할 수 있는 위의 내용을 기억하고 실천을 통해 학습자들을 지도해 보도록 노력한다.

마무리하기

1. 학습 내용 정리

① 학습한 사물의 표현을 우리말로 제시하고 이를 중국어로 말해 보게 한다.

② 지시대명사 '这', '那'를 이용하여 중국어 문장으로 묻고 대답하게 한다.

2. 과제 부여

사물에 대해 묻고 답하기를 연습해 오도록 한다.

8 我想当画家。 나는 화가가 되고 싶어.

단원 소개 및 학습 내용

중국의 별난 직업에 대해 알아보고, 다양한 직업을 중국어로 표현할 수 있도록 한다. 더 나아가 자신의 취미와 장래 희망, 가족의 직업 등을 묻고 답하는 여러 가지 표현을 익힐 수 있다.

단원 학습 목표

1. 운모 'üe üan ün'과 관련된 발음을 정확하게 할 수 있다.
2. 취미와 장래 희망에 대해 말할 수 있다.

단원 지도 계획

차시	교재 범위	학습 단계	학습 내용
1	86~89쪽	문화	중국의 별난 직업?
		발음	운모 'üe üan ün'과 성모 'j q x'
		새 단어	본문 새 단어 학습 쓰기 연습(想, 当)
2	90~91쪽	회화	직업, 취미, 장래 희망 말하기
3	92~93쪽	교체 연습	'喜欢'을 활용하여 자신의 취미 말하기 '相当'을 활용하여 자신의 장래 희망 말하기
		연습 문제	발음 및 본문 내용 관련 문제 풀기
4	94~95쪽	확장 연습	다양한 직업 익히기
		활동	빙고를 외쳐요!

1차시

86~89쪽

학습 목표

- 중국의 별난 직업에 대해 이해할 수 있다.
- 운모 'üe üan ün'과 성모 'j q x'를 결합하여 발음할 수 있다.
- 새 단어의 발음과 뜻을 익히고, 획순에 맞게 쓸 수 있다.

수업 준비물

교재, 멀티 CD

들어가기

1. 지난 시간 복습

① 과제를 확인한다.

② 교실 안의 사물을 중국어로 말해 보게 하여 지난 차시에 학습한 내용을 확인한다.

2. 새로 배울 내용 소개

① 그림과 문화 내용을 살펴보면서 이번 단원에서 배울 내용이 무엇인지 유추해 보게 한다.

◆ 그림에는 축구 유니폼을 입은 한 남성이 땀을 흘리며 축구공을 차는 모습, 예쁜 여성이 바이올린을 켜는 모습, 비행기 안에서 서비스하는 승무원의 모습 등이 보인다. 이러한 그림들이 각각 어떤 직업을 나타내는지 말해 보게 함으로써 학습자들의 흥미를 유발한다.

② 그림에 언급된 직업들을 중국어로 간단히 소개한다.

◆ 足球运动员 zúqiú yùndòngyuán 축구 선수
厨师 chúshī 요리사
摄影者 shèyǐngshī 카메라맨
空中小姐 kōngzhōng xiǎojiě 스튜어디스
小提琴家 xiǎotíqínjiā 바이올리니스트
审判员 shěnpànyuán 판사
花样滑冰选手 huāyànghuábīng xuǎnshǒu 피겨스케이팅 선수

③ 새로운 내용을 학습하기에 앞서 가볍게 발음 연습을 하고, 새로운 단어를 익혀 보는 시간임을 알려 준다.

펼치기

- **문화 소개 : 중국의 별난 직업**

① 본문 내용과 관련된 문화 소재를 활용하여 학습 동기를 부여한다.

◆ 중국의 이색 직업

1) 버스 안내원

중국의 버스에는 버스 뒷문에 위치한 별도의 좌석에 앉아서 버스 요금을 내는 승객에게 돈을 받고, 종이로 된 영수증을 발급해 주는 버스 안내원이 있다. 하지만 예전에 비해 버스 안내원은 점차 줄어드는 추세이며 우리나라처럼 중국도 현금보다는 교통 카드의 사용이 늘어나고 있다.

2) 엘리베이터 안내원

엘리베이터 안에서 층수를 눌러 주는 직업도 있다. 엘리베이터 안내원은 탑승하는 승객에게 '어서 오세요. 몇 층을 가십니까?'라고 묻는다. 안내원 주변에는 작은 책상, 의자, 외부와 연결된 전화기나 음악을 들을 수 있는 라디오 등이 있다. 엘리베이터 안에서 일하기 편하도록 나름대로 물건을 배치해 놓기도 한다. 또한 앉아서 높은 층수를 누를 때 사용하는 전용 막대기는 엘리베이터 안내원에게는 필수 도구라고 할 수 있다.

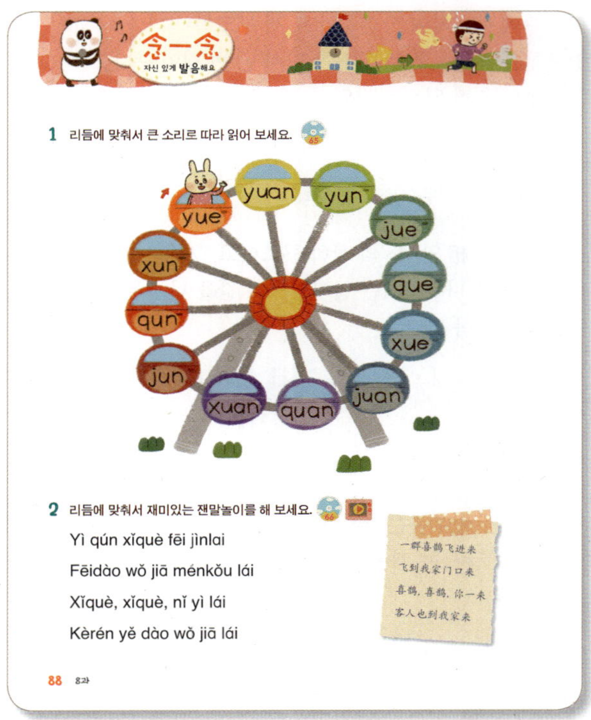
念一念 자신 있게 발음해요

1 리듬에 맞춰서 큰 소리로 따라 읽어 보세요.

2 리듬에 맞춰서 재미있는 잰말놀이를 해 보세요.

Yì qún xǐquè fēi jìnlai
Fēidào wǒ jiā ménkǒu lái
Xǐquè, xǐquè, nǐ yì lái
Kèrén yě dào wǒ jiā lái

88 8과

지도 tip

흥미 유발을 목적으로 중국의 이색 직업에 대해 이야기를 하게 되면 학생들에게 재미를 줄 수는 있으나 너무 어린 학생들에게는 자칫 중국에 대한 안 좋은 선입견을 심어 줄 수도 있다는 점을 유의해야 한다.

② 본문의 문화 내용을 함께 읽어 본다.

③ 이번 과에서 배우는 내용과 연관이 있음을 언급하고 수업을 시작한다.

보충

중국의 인기 직종

2011년 인민일보(人民日报)에서 조사한 결과에 따르면 중국의 젊은이들은 남녀 성별을 불문하고 안정적인 직장을 보장하는 '공무원'을 가장 선호하는 것으로 나타났다. 그러나 인기 직업은 시대에 따라 변화가 두드러지므로 향후 지속적인 변화가 있을 것으로 보인다. 이 밖에도 마케팅, 금융, 부동산, 무역, IT, 온라인 게임 개발자 등 선호하는 직업의 영역은 매우 다양하다. 특히 이 중에서도 '온라인 게임 개발' 직종은 스마트폰이나 소형 가전제품의 다양한 활용이 가능해진 최근에 새롭게 등장한 인기 직종이라는 점이 흥미롭다.

念一念 자신있게 발음해요

1. 발음 연습

① 녹음을 들려 주고 따라 읽게 한다.

② 쉽게 틀리는 발음이 무엇인지 파악하고 교정해 준다.

◆ 'ü'가 'j q x'와 결합할 경우, 한어병음의 표기는 'ü'가 아닌 'u'로 한다는 것을 알려 준다. 학생들의 이해 여부를 확인 하기 위해 'ju qu xu juan quan xuan jue que xue' 등의 단어들을 제시하여 읽어 보게 할 수도 있다.

2. 잰말놀이

본 교재의 잰말놀이 부분은 중국어 발음을 유창하게 할 수 있도록 돕는 것이 목적이다. 발음을 연습하는 과정에서 단어의 학습이 이루어질 수는 있으나, 교사가 문법이나 단어 학습에 비중을 두기보다는 학습자가 정확한 중국어 발음을 자연스럽게 익힐 수 있도록 지도한다.

① 리듬에 맞춰 가볍게 따라 읽게 한다.

② 부정확하거나 쉽게 틀리는 발음이 무엇인지 파악하고 교정한다.

③ 연습 정도에 따라 속도를 조절하여 능숙하게 발음할 수 있도록 지도한다.

④ 간단한 동작이나 율동을 통해서 잰말놀이에 포함된 단어의 뜻을 기억하도록 지도할 수 있다.

⑤ 큰 소리로 발음하면서 동작을 함께 해 본다.

⑥ 익숙해지면 속도에 변화를 주면서 연습해 볼 수 있다.

보충

小石和小思 Xiǎoshí hé Xiǎosī 샤오스와 샤오쓰

小思有十四个柿子，
Xiǎosī yǒu shísì ge shìzi,
샤오쓰는 14개의 감을 갖고 있고,

小石有四个柿子。
Xiǎoshí yǒu sì ge shìzi.
샤오스는 4개의 감을 갖고 있어요.

小思比小石多十个柿子，
Xiǎosī bǐ Xiǎoshí duō shí ge shìzi,
샤오쓰는 샤오스보다 감이 10개가 더 많고,

小石比小思少十个柿子。
Xiǎoshí bǐ Xiǎosī shǎo shí ge shìzi.
샤오스는 샤오쓰보다 감이 10개 적어요.

'小石和小思'는 반3성과 'shi', 'si'의 발음 연습에 활용하기 좋은 잰말놀이이다. 본 교재에서 제시된 잰말놀이 외에도 이처럼 각 성모 혹은 운모 발음의 대조 연습이 가능하게 세분화된 여러 가지 잰말놀이를 통해서 꾸준한 발음 연습을 진행한다.

学生词 새 단어를 배워봐요

1 새 단어를 큰 소리로 따라 읽어 보세요.

记者 jìzhě 기자	画 huà (그림을) 그리다
喜欢 xǐhuan 좋아하다	画儿 huàr 그림
听 tīng 듣다	想 xiǎng ~하고 싶다
音乐 yīnyuè 음악	当 dāng ~이 되다
唱歌 chànggē 노래를 부르다	画家 huàjiā 화가

2 획순에 주의하여 올바르게 한자를 써 보세요.

想 xiǎng ~하고 싶다	一 十 才 木 札 机 相 相 相 相 想 想 想 想 想 想 想
当 dāng ~이 되다	丨 丷 ⺌ 当 当 当 当 当 当 当

我想当画家。 89

学生词 새 단어를 배워봐요

1. 어휘 학습

① 녹음을 듣고 큰 소리로 따라 읽게 한다.

② 단어의 의미와 주의해야 할 발음을 설명한다.

> **喜欢** xǐhuan 좋아하다
> '사랑한다', '좋아한다'는 뜻을 가진 '爱'보다는 가벼운 표현이다. '喜欢'의 '欢'은 원래 제1성이지만 '喜欢'에서는 경성으로 발음한다.
> 예 欢乐 huānlè
>
> **听** tīng 듣다
> '听'은 '음악이나 소리 등을 귀로 듣다'는 의미로 뒤에 '音乐', '声音' 등이 올 수 있다.
>
> **画** huà (그림을) 그리다
> '画'는 '그리다'라는 동사로 뒤에 주로 '그림'이라는 뜻의 명사 '画儿'이 온다.
>
> **画儿** huàr 그림
> '儿'은 종종 다른 운모와 결합하여 그 운모를 '儿화' 운모로 만든다. '儿화' 운모를 표기할 때에는 원래 운모의 뒤에 '-r'을 붙인다.
> 예 玩儿(wánr) | 花儿(huār)
>
> **想** xiǎng ~하고 싶다
> 바람이나 희망을 나타내는 조동사이며, '很'과 같은 '정도 부사'의 수식을 받을 수 있음을 알려 준다.

③ 녹음을 다시 듣고 따라 읽게 한다.

2. 쓰기 연습

① 교사는 중요 단어를 칠판에 쓰면서 획순을 알려 준다.

② 획순에 주의하여 학생 스스로 써 보도록 한다.

③ 학생들이 잘못 쓰는 글자를 다시 한 번 짚어 준다.

④ 학생이 칠판 앞으로 나와서 교사가 지정해 준 한자를 획순에 맞게 써 보고 발음해 보도록 한다.

想 부수 心 총 13획

• '想'은 '相'와 '心'의 상하 구조이고, '相'은 '木'과 '目'의 좌우 구조로 나뉘어지는 글자이므로 칸을 나누어 쓰기 연습을 진행하도록 한다.

一 十 才 木 札 机 相 相 相 相 想 想 想

当 부수 彐 총 6획

• '当'의 윗부분은 '小'와 같은 글자이다. '小'와 같이 대칭이 되는 글자는 가운데 획을 먼저 쓰고, 왼쪽, 오른쪽 순서를 쓴다.

丨 丷 ⺌ 当 当 当

참고 사이트

http://www.yes-chinese.com/tzg/
→ 획순이 포함된 쓰기 활동지를 만들 수 있다.

http://www.yes-chinese.com/card/
→ 학습 내용에 따라 한자 카드를 만들 수 있다.

http://www.shuifeng.net/Dic/html/index141.htm
→ 간체자 획순을 확인할 수 있다.

http://nlp.blcu.edu.cn/others/center/sys/bishun/flash.php
→ 한자의 획순을 확인할 수 있다.

지도 tip

어린이 중국어 학습 과정에서의 쓰기 교육은 한어병음, 단어, 문장 쓰기 등으로 구분할 수 있다. 단순하게 쓰기를 반복적으로 지도하기보다는 학습자의 흥미와 관심을 끌면서 쓰기 학습의 효과를 극대화할 수 있다. 예를 들면, 실생활과 관련된 그림 혹은 학습한 단어를 그림으로 보여 주고 그 그림에 해당하는 중국어 표현을 써 보도록 하는 방식으로 진행할 수 있으며, 학습자의 중국어 수준에 따라 간체자를 쓰거나 한어병음을 쓰게 하는 등의 방법을 활용할 수 있다.

마무리하기

1. 학습 내용 정리

수업 내용에 관한 질문을 통해 학생들의 이해도를 점검한다. 학습 내용 중 학생들이 특히 어려워하는 부분이 어디인지 확인하고, 다시 한 번 짚고 넘어간다.

2. 과제 부여

① 88쪽의 '발음 연습'과 '잰말놀이'를 읽어 오게 한다.

② 학습한 단어의 뜻과 한어병음이 익숙해질 수 있도록 멀티 CD (TRACK 67)를 반복해서 듣고 오게 한다.

2차시 90~91쪽

학습 목표

- 가족의 직업을 말할 수 있다.
- 취미와 장래 희망에 대해 말할 수 있다.

수업 준비물

교재, 멀티 CD

들어가기

1. 지난 시간 복습
   ① 과제를 확인한다.
   ② 그림 자료나 PPT 등의 시각 자료를 활용하여 지난 차시에 다룬 문화 관련 내용을 확인한다.

2. 새로 배울 내용 소개
   ① 학습 목표를 소개한다.
   ② 본문의 그림을 보고 어떤 상황인지 유추해 보도록 한다.

펼치기

一起说 친구들과 대화해요

1. 단어 확인하기
   ① 단어 카드를 활용하여 지난 시간에 학습한 단어를 읽어 보게 한다. 멀티 CD의 단어 플래시를 활용하여 단어를 복습할 수도 있다.
   ② 교사가 중국어로 단어를 제시하면 학생들은 우리말로 그 단어의 뜻을 말한다.
   ③ 학생들이 단어의 뜻을 정확하게 이해했다면 교사는 학생들에게 우리말로 단어를 제시하고, 중국어로 대답해 보게 한다.

2. 녹음 듣고 문장 연습하기
   ① 녹음을 들려 주고 따라 읽게 한다.
   ② 문장 단위로 따라 읽게 하고 해석한다.

본문 해석

我爸爸是记者。
우리 아빠는 기자입니다.

我妈妈是老师。
우리 엄마는 선생님입니다.

我妹妹喜欢听音乐、唱歌。
내 여동생은 음악 듣는 것과 노래하는 것을 좋아합니다.

我喜欢画画儿，我想当画家。
나는 그림 그리기를 좋아하고, 화가가 되고 싶습니다.

   ③ 교재의 문장을 정확한 발음으로 읽어 보도록 한다.

보충

직업 묻는 표현

가족의 직업을 대답하는 표현을 배웠다면, 추가적으로 직업을 묻는 표현도 알려 줄 수 있다. 중국어로 직업을 물을 때에는 일반적으로 '你做什么工作?' 혹은 '你是做什么工作的?'라는 표현을 쓴다.

한편 '什么'는 의문대명사로 '무슨'이라는 뜻이다. 문장에 이러한 의문대명사가 있으면 문장 끝에 '吗'를 붙여서는 안 된다.

예 A: 你爸爸做什么工作?
너희 아빠는 무슨 일 하셔?
B: 我爸爸是记者。
우리 아빠는 기자셔.

예 A: 你妈妈是做什么工作的?
너희 엄마는 무슨 일 하셔?
B: 我妈妈是老师。
우리 엄마는 선생님이셔.

④ 짝끼리 혹은 모둠별로 대화문을 연습하도록 한다.
⑤ 간체자만 보고 본문을 읽는 연습을 한다.

보충

중국어의 상용 문장 부호

1) 顿号
'、(顿号 dùnhào)'는 우리말에는 없는 문장 부호로 '모점'이라고 표현한다. '모점'은 대등한 단어나 구문을 병렬할 때 쓰여 가벼운 쉼을 나타내는 문장 부호이다. 이번 본문에서도 구문을 병렬하기 위해 모점이 사용되었다.

예 A: 你家有几口人?
B: 我家有三口人。爸爸、妈妈和我。

2) 句号
'。(句号 jùhào)'는 우리말의 '마침표'에 해당하는 문장 부호로 중국어에서는 '。'로 표기한다.

3) 问号
'?(问号 wènhào)'는 우리말의 '물음표'로 의심이나 의문을 나타낼 때 쓴다.

4) 感叹号
'!(感叹号 gǎntànhào)'는 감탄문, 명령문 등의 끝에 쓰이는 문장 부호로 우리말의 '느낌표'에 해당한다.

5) 逗号
',(逗号 dòuhào)'는 문장에서 잠시 쉼을 나타내는 문장 부호 중 하나로 '쉼표'를 의미한다.

6) 分号
';(分号 fēnhào)'는 문장을 일단 끊었다가 이어서 설명을 더 계속할 경우에 쓰며, 마침표(。)보다는 가볍고 쉼표(,)보다는 무거운 구두점이며, '쌍반점'이라고 한다.

7) 冒号
':(冒号 màohào)'는 앞 문장이 뒷 문장을 끌어내는 데 쓰이며, '쌍점'이라고 한다.

8) 双引号
'双引号 shuāngyǐnhào'는 '큰따옴표'를 말한다.

9) 单引号
'单引号 dānyǐnhào'는 '작은따옴표'라고 한다.

10) 括号
'括号 kuòhào'는 우리말로 '괄호'를 뜻하며, '(), [], {}, 【】' 등이 있다.

3. 문장 듣고 해석하기

교사가 읽어 주는 내용을 듣고 우리말로 해석하게 한다. 긴 문장일 경우, 교사는 의미 단락별로 나누어 제시함으로써 학생들의 부담감을 덜어 준다.

4. 해석 듣고 중국어 문장으로 말하기

① 실제 이야기하는 것처럼 자연스럽게 말하도록 지도한다.
② 짝과 함께 읽기 연습을 하도록 지도한다.

지도 tip

다른 과의 대화체 본문에 비해 8과는 전체 문장이 서술형이다. 언어는 상대방과 대화하고 의사소통하기 위해 존재하는 것인데, 자신의 의견을 정확하게 표현하지 못하면 대화가 지속되는 시간은 극히 제한적이다.
따라서 교사는 대화 형식의 연습만을 강조하는 것이 아니라 학생들과 함께 전체의 문장을 자신의 이야기처럼 자연스럽게 표현할 수 있도록 충분한 연습을 유도한다.
저학년은 속도를 기록하고 단축하기보다는 조금 느린 속도라도 정확하게 발음할 수 있도록 지도한다. 반복 연습의 지루함을 덜기 위해 여러 목소리로 본문을 읽어 보도록 지도할 수 있다. 예를 들어 처음에는 아빠 목소리, 그 다음에는 할머니 목소리 등 다양한 목소리 흉내를 내면서 놀이의 느낌을 가미하면 반복 연습을 지루하지 않게 진행할 수 있을 것이다. 또한 한 명씩 돌아가면서 한 문장을 읽고, 다른 친구들은 그 친구의 발음을 잘 듣고 따라 읽도록 지도할 수도 있다. 이 때 한 친구에게만 집중되는 것이 아니고 모든 친구들이 한 문장씩 돌아가며 읽기 때문에 참여의 기회가 보장되는 동시에 충분하게 반복 연습을 진행할 수 있다.
고학년의 경우에는 처음에는 정상적인 속도로 본문을 읽게 하고 그 시간을 체크한다. 현재 수준을 학생들에게 알려 주고 다음에는 조금 빠른 속도로 읽어 보게 한다. 단, 속도에 치중하여 성조나 발음이 부정확해지지 않도록 주의를 준다. 몇 차례에 걸쳐 자신들의 읽기 기록이 단축되는 것을 보면 반복 읽기가 지루한 연습 과정이기만 한 것은 아님을 알게 할 수 있다.
이렇게 빨리 읽어 보는 연습을 통해 유창성이 어느 정도는 향상될 수 있다. 또한 반복 연습을 통해 학습했던 문장이 자연스럽게 기억에 남기 때문에 문장 암기에도 도움이 될 뿐 아니라 활기차게 문장 읽는 소리가 교실 전체에 퍼져서 즐거운 학습 분위기를 조성하는 데도 도움이 된다.
저학년의 경우, 경쟁의 분위기를 조성하면 수업의 분위기가 예상치 못한 방향으로 흐를 수 있으므로 '교사 vs 전체 학급' 혹은 '교사 vs 학생 개인'으로 연습을 진행할 수 있다.

마무리하기

1. 학습 내용 정리

학습 내용을 다시 한 번 확인한다. 멀티 CD 회화 애니메이션의 자막을 변경해 가며 회화 내용을 확실히 익혔는지 확인해 볼 수 있다.

2. 과제 부여

본문을 세 번씩 큰 소리로 읽어 오도록 한다.

3차시 92~93쪽

学一学
차근차근 익혀봐요

'喜欢'은 '(~하는 것)을 좋아하다'라는 뜻이에요.

我喜欢唱歌。
Wǒ xǐhuan chànggē.
나는 노래 부르는 것을 좋아해.

苹果 píngguǒ 사과
看电影 kàn diànyǐng 영화를 보다
学汉语 xué Hànyǔ 중국어를 공부하다

'想当~' 뒤에 직업을 넣어 장래희망을 말할 수 있어요.

我想当歌手。
Wǒ xiǎng dāng gēshǒu.
나는 가수가 되고 싶어.

演员 yǎnyuán 배우
汉语老师 Hànyǔ lǎoshī 중국어 선생님

92 8과

학습 목표

- 자신의 취미에 대해 말할 수 있다.
- 장래 희망에 대해 말할 수 있다.

수업 준비물

교재, 음성 자료

들어가기

1. 지난 시간 복습
   ① 과제를 확인한다.
   ② 지난 차시 학습 내용을 확인한다.
   가족의 직업이나 취미를 묻고 답하는 표현 등을 문답식으로 확인하거나 상황에 맞는 그림 혹은 PPT 자료를 활용하여 확인한다.

2. 새로 배울 내용 소개
   ① 학습 목표를 소개한다.
   ② 주제와 관련된 내용을 소개한다.

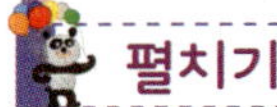

펼치기

学一学 차근차근 익혀봐요

1. '喜欢'을 활용한 표현
   ① 녹음을 듣고 정확한 발음으로 따라 읽도록 지도한다.
   ② 새 단어의 의미를 확인하고 문장으로 연습해 본다.
   ③ 제시된 문장을 교사와 학생이 번갈아 읽어 본다.

> 我喜欢唱歌。 나는 노래 부르는 것을 좋아해.
>
> 밑줄 친 부분을 바꿔서 말해봐요!
> 我喜欢苹果。 나는 사과를 좋아해.
> 我喜欢看电影。 나는 영화 보는 것을 좋아해.
> 我喜欢学汉语。 나는 중국어 배우는 것을 좋아해.

◆ '喜欢' 바로 뒤에 다양한 목적어를 넣어 연습해 봄으로써 '~를 좋아하다'라는 의미를 확실하게 이해할 수 있다.

예 我喜欢小狗。
Wǒ xǐhuan xiǎogǒu.
나는 강아지를 좋아해.

我喜欢小鸟。
Wǒ xǐhuan xiǎoniǎo.
나는 새를 좋아해.

我喜欢汉语老师。
Wǒ xǐhuan Hànyǔ lǎoshī.
나는 중국어 선생님을 좋아해.

'喜欢'의 '欢'은 원래 제1성이지만 '喜欢'으로 쓰일 때는 경성으로 발음한다. 교사는 학생들에게 이 점을 미리 알려 줄 필요는 없으나 원래의 성조와 변화된 성조를 모두 인식하고 필요에 따라 융통성 있게 지도한다.

보충

다양한 감정 표현

'좋아하다'라는 뜻의 '喜欢' 외에도 다양한 감정 표현을 익혀 둔다.

高兴 gāoxìng 기쁘다 | 生气 shēngqì 화나다
放心 fàngxīn 안심하다 | 担心 dānxīn 걱정하다
讨厌 tǎoyàn 싫어하다 | 着急 zháojí 조급해하다
后悔 hòuhuǐ 후회하다

2. '想当'을 활용한 표현
   ① 녹음을 듣고 정확한 발음으로 따라 읽도록 지도한다.
   ② 새 단어의 의미를 확인하고 문장으로 연습해 본다.
   ③ 제시된 문장을 교사와 학생이 번갈아 읽어 본다.

> 我想当歌手。 나는 가수가 되고 싶어.
>
> 밑줄 친 부분을 바꿔서 말해봐요!
> 我想当演员。 나는 배우가 되고 싶어.
> 我想当汉语老师。 나는 중국어 선생님이 되고 싶어.

◆ 서로의 장래 희망을 묻고 답함으로써 보다 다양한 직업을 중국어로 표현할 수 있도록 한다. 모든 직업을 표현할 수 없더라도 자신의 장래 희망이나 가족의 직업을 학습한 단어들을 적극 활용하여 중국어로 표현해 볼 수 있도록 한다.

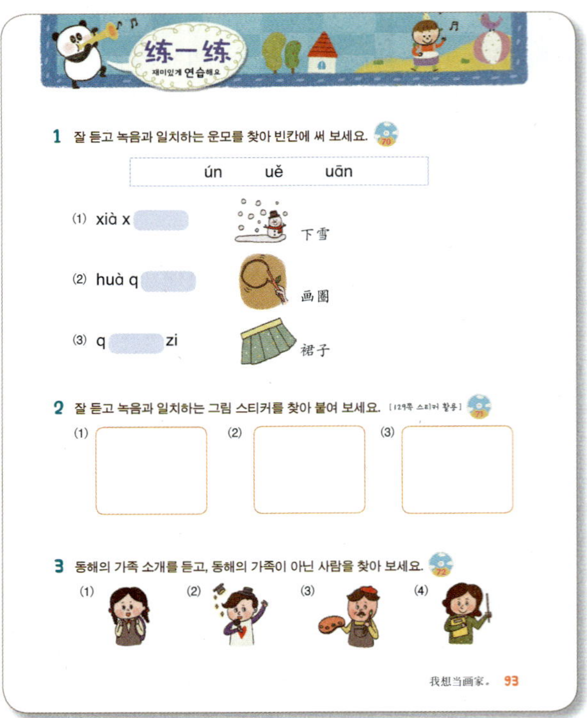
练一练 재미있게 연습해요

1 잘 듣고 녹음과 일치하는 운모를 찾아 빈칸에 써 보세요.

ún uě uān

(1) xià x 下雪

(2) huà q 画圈

(3) q zi 裙子

2 잘 듣고 녹음과 일치하는 그림 스티커를 찾아 붙여 보세요. (129쪽 스티커 활용)

(1) (2) (3)

3 동해의 가족 소개를 듣고, 동해의 가족이 아닌 사람을 찾아 보세요.

(1) (2) (3) (4)

我想当画家。 93

练一练 재미있게 연습해요

1. 녹음과 일치하는 운모 골라 쓰기

① 녹음을 들려 준 후, 문제를 풀게 한다.
② 정답을 확인하고, 문제 풀이를 한다.
③ 녹음을 다시 한 번 듣고 따라 읽게 한다.

녹음대본

(1) xià xuě 下雪 눈이 내리다
(2) huà quān 画圈 동그라미를 그리다
(4) qúnzi 裙子 치마

[정답] (1) xiàxuě (2) huà quān (3) qúnzi

◆ 'j q x'는 입을 조금만 벌려 구강의 앞쪽에서 내는 소리이다. 또한 'ju qu xu'라고 표기된 발음도 실제로는 'jü qü xü'라고 발음되는 것에 주의시킨다.

2. 녹음과 일치하는 스티커 붙이기

① 녹음을 듣고 129쪽 스티커를 활용하여, 알맞게 붙여 보게 한다.
② 정답을 확인하고, 문제 풀이를 한다
③ 그림을 보고 문장을 말해 보게 한다.

녹음대본

(1) 我爸爸是老师。 Wǒ bàba shì lǎoshī.
우리 아빠는 선생님이셔.
(2) 妈妈喜欢唱歌。 Māma xǐhuan chànggē.
엄마는 노래 부르는 것을 좋아하셔.
(3) 我想当画家。 Wǒ xiǎng dāng huàjiā.
나는 화가가 되고 싶어.

[정답] (1) 

(2) 
(3) 

3. 가족 소개 듣고 판단하기

① 녹음을 들려 준 후, 문제를 풀게 한다
② 정답을 확인하고, 문제 풀이를 한다.
③ 교사가 우리말 해석을 제시하고, 학생들은 중국어로 말해 보게 한다.

녹음대본

我家有四口人。 Wǒ jiā yǒu sì kǒu rén.
우리 집은 네 식구야.
我爸爸是画家。 Wǒ bàba shì huàjiā.
우리 아빠는 화가셔.
我妈妈是老师。 Wǒ māma shì lǎoshī.
우리 엄마는 선생님이셔.
我姐姐是学生。 Wǒ jiějie shì xuésheng.
우리 언니는 학생이야.

[정답] (2)번

시간적 여유가 있을 경우 워크북 문제도 함께 풀어 볼 수 있다. 워크북을 푸는 과정을 통해 학생들에게는 학습한 내용을 한 번 더 확인하는 기회를 제공하고, 교사는 학생들의 이해 정도를 파악하여 필요한 지도를 보충하거나 다음 수업의 난이도를 조정할 수 있다.

마무리하기

1. 학습 내용 정리

① 学一学에서 학습한 내용을 정확히 이해했는지 확인한다.
② 연습 문제에서 학생들이 자주 오류를 범하는 문제에 대해 다시 한 번 정리한다.

2. 과제 부여

이번 시간에 학습한 내용을 자연스럽게 표현할 수 있도록 연습해 오도록 한다.

지도 tip

수업을 마치면서 해당 차시에서 다뤘던 학습 내용을 반드시 함께 정리하는 시간을 가진다. 과제를 부여하는 것도 좋지만 영어나 다른 교과목과는 달리 각 가정에서 중국어 숙제를 도와 줄 수 있는 부모님이나 가족이 있는 경우가 드물기 때문에 가급적 과제는 학습한 새 단어를 크게 읽으면서 바른 글씨로 세 번씩 써 오는 정도로 내 주는 것이 좋다. 또는 교재에 있는 멀티 CD 혹은 MP3 음원 파일 듣기 등과 같이 학습자 스스로가 해결할 수 있는 수준에서 부여한다. 수업 시간에 배운 내용은 그 수업 차시에서 충분히 이해하고 소화할 수 있도록 수업을 구성하는 것이 좋다.

4차시 94~95쪽

高一高 실력을 쑥쑥 키워요

아래 표현을 활용하여 장래희망을 묻고 답해 보세요.

你想当什么? 너는 무엇이 되고 싶니?
Nǐ xiǎng dāng shénme?

我想当________。 나는________이 되고 싶어.
Wǒ xiǎng dāng________.

94 8과

학습 목표

- 다양한 직업을 중국어로 말할 수 있다.
- 빙고 게임을 통해 학습 내용을 확인한다.

수업 준비물

교재

들어가기

1. 지난 시간 복습
   ① 과제를 확인한다.
   ② 学一学에서 다룬 다양한 표현을 복습한다.

2. 새로 배울 내용 소개
   ① 학습 목표를 소개한다.
   ② 주제와 관련된 내용을 소개한다.

펼치기

高一高 실력을 쑥쑥 키워요

- 다양한 직업 익히기
  ① 제시된 그림을 보면서 직업 관련 단어를 큰 소리로 읽어 보게 한다.
  ② 장래 희망을 묻고 답하는 문장을 연습한다.

A: 你想当什么? Nǐ xiǎng dāng shénme?
너는 무엇이 되고 싶니?
B: 我想当老师。Wǒ xiǎng dāng lǎoshī.
나는 선생님이 되고 싶어.

③ 녹음을 듣고 따라 발음하며 다양한 직업을 익힌다.

보충

학습자의 이해 정도에 따라 아래와 같이 단어를 추가하여 심화 학습할 수 있다.

事业家 shìyèjiā 사업가
公司职员 gōngsīzhíyuán 회사원
公务员 gōngwùyuán 공무원
个体户 gètǐhù 자영업자
家庭主妇 jiātíng zhǔfù 가정주부
农夫 nóngfū 농부
售货员 shòuhuòyuán 판매원
医生 yīshēng 의사
护士 hùshi 간호사
导游 dǎoyóu 관광 가이드
秘书 mìshū 비서
外交官 wàijiāoguān 외교관
导演 dǎoyǎn 감독
艺术家 yìshùjiā 예술가
歌手 gēshǒu 가수
模特 mótè 모델
教授 jiàoshòu 교수
律师 lǜshī 변호사
厨师 chúshī 요리사

지도 tip

다양한 직업을 익힌 후, 미래에 자기가 되고 싶은 직업을 두 가지 골라서 '미래의 명함' 만들기 등의 활동을 하고 말하기 연습을 할 수도 있다. 혹은 가족이나 주변 사람들의 직업을 물어 볼 수도 있다.
단, 부모의 직업을 소재로 수업을 진행할 때 자랑하고 싶은 친구도 있지만 말하고 싶지 않은 친구도 있을 수 있고, 또 편부모 가정의 친구가 있을 경우를 감안하여 적절한 방식으로 수업을 진행하도록 한다.

玩一玩 신나게 놀아 봐요

• **빙고를 외쳐요!**

8과에서 학습한 단어들을 활용하여 다음과 같이 빙고 게임을 진행한다.

① 단어의 뜻과 한자를 보고 빈칸에 알맞은 한어병음을 적어 보게 한다.

② 모든 단어의 한어병음을 적었다면 빙고 칸에 단어의 한어병음을 옮겨 적는다.

③ 교사가 혹은 학생들이 돌아가면서 단어 하나씩을 말하면 그 단어를 지워 나가는 빙고 게임을 한다.

◆ 기자 记者 jìzhě | 선생님 老师 lǎoshī
좋아하다 喜欢 xǐhuan | 듣다 听 tīng
음악 音乐 yīnyuè | 화가 画家 huàjiā
가수 歌手 gēshǒu | 보다 看 kàn
영화 电影 diànyǐng

지도 tip

• 빙고 게임은 단순히 게임에 그치는 것이 아니라, 기존에 학습한 단어의 복습을 위한 활동으로 활용될 수 있도록 한다.

• 학생들이 게임의 규칙을 충분히 이해한 후 게임을 진행하며, 너무 지나치게 소란스러워지면 게임을 중단할 수 있음을 사전에 알려 준다.

• 종종 같은 단어를 두 번 적는다거나 어떤 단어를 적었는지 기억 못하는 친구들이 있다. 그런 경우에는 몇 명의 친구들을 위해 전체 학급이 기다려야 하는 상황이 생기기도 하기 때문에 활동이 자칫 지루해질 수 있으므로 자신이 칸에 적은 단어는 옆에 표시를 해 두어서 혼동하지 않고 쉽게 구분할 수 있도록 한다.

• 쓰기 속도가 빨라 단어 적기를 빨리 완성한 친구들이 있다면, 자기가 원하는 단어의 간체자를 옆에 적어 보도록 지도하여 교실이 소란스러워지지 않게 주의한다.

보충

빙고 게임은 공부라기보다는 마치 재미있게 놀이하는 듯한 느낌을 주기 때문에 어린 연령의 학습자들에게 흥미로운 학습 방법이며, 빙고의 칸을 지우는 방식에 따라 더 많은 응용 방법이 존재한다. 응용 방법은 빙고 칸에 내용을 적는 방식(간체자, 한어병음, 우리말 뜻)과 빙고 칸을 지워 나가는 방식에 따라 다양하게 변형시킬 수 있다. 특히 '왕(王) 빙고', '석 삼(三) 빙고', '입 구(口) 빙고', '날 일(日) 빙고', '내 천(川) 빙고', '열 십(十) 빙고' 등 빙고에 간단한 한자를 연결시켜 한자의 형태가 되도록 빙고 칸을 지워 보게 하면 한자의 모양에 대한 자극을 해줄 수도 있으므로 활용해 볼 만하다.
수업 시간에 활용하는 빙고 게임은 항상 한 가지 방식만을 고수하기보다는 다양한 방식의 빙고 게임을 진행해야만 흥미로운 수업이 될 수 있다.
이외에도 모든 빙고 칸이 다 지워져야만 빙고를 외칠 수 있는 '블랙 빙고' 게임도 있다. 제일 처음에는 교사가 빙고 칸에서 지워질 단어를 부르지만 순서대로 돌아가며 학생들이 지워질 단어를 부르도록 하는 것도 게임을 활기차게 진행하는 효과적인 방법이다.

마무리하기

1. 학습 내용 정리

학습한 표현을 우리말로 제시하고 이를 중국어로 말해 보게 한다.

2. 과제 부여

간단히 자기 소개를 연습해 오도록 한다.

지도 tip

고학년이라면 1과부터 8과까지의 모든 어휘와 문형을 이용하여 자유 작문 활동을 진행해 볼 수 있다. 통제된 쓰기 활동을 통해 학습자들은 기존 학습 내용을 다시 한 번 복습하는 기회를 갖게 된다. 또한 쓰기 활동으로 도출된 문장을 외워서 말해 보거나 읽는 연습을 해 보도록 격려한다. 이러한 과정에서 학생들은 중국어 발화에 대한 자신감과 성취감을 느낀다.
이처럼 배운 내용을 완전히 이해하고 학생 스스로 유창하게 사용할 수 있는 중국어 구사력을 배양하는 것은 교사의 역할이므로 다양한 연습을 통해 유기적인 결합을 도모한다.

오리는선

1과

你

1과

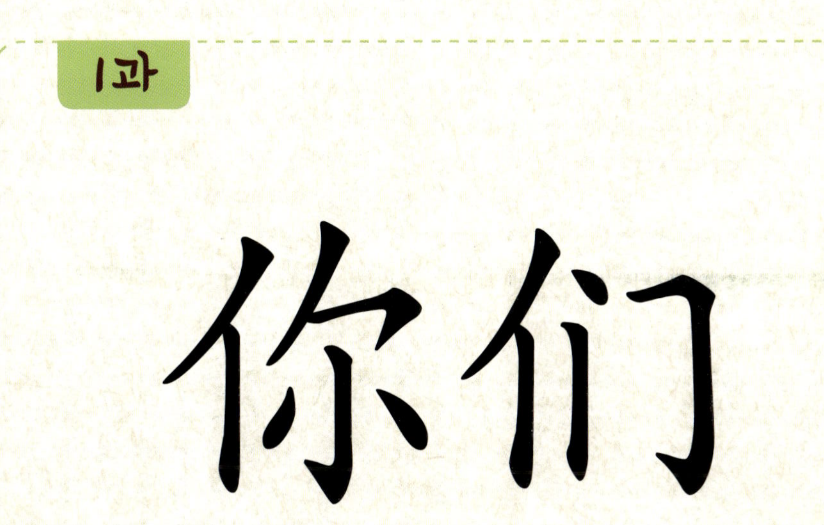

1과

1과

오리는선

nǐmen

nǐ

lǎoshī

hǎo

오리는선

1과

再见

1과

见

1과

明天

1과

大家

오리는선

jiàn

zàijiàn

dàjiā

míngtiān

오리는선

1과

早上

1과

下午

1과

晚上

1과

一会儿

오리는선

xiàwǔ

zǎoshang

yíhuìr

wǎnshang

오리는 선

2과

我

2과

韩国

2과

哪国人

2과

美国

오리는선

Hánguó

wǒ

Měiguó

nǎ guó rén

오리는선

2과

他

2과

不是

2과

中国

2과

她

오리는선

bú shì

tā

tā

Zhōngguó

오리는선

2과

学生

3과

他们

3과

叫

3과

她们

오리는선

tāmen

xuésheng

tāmen

jiào

오리는선

3과

什么

3과

高兴

4과

名字

4과

哥哥

오리는선

gāoxìng

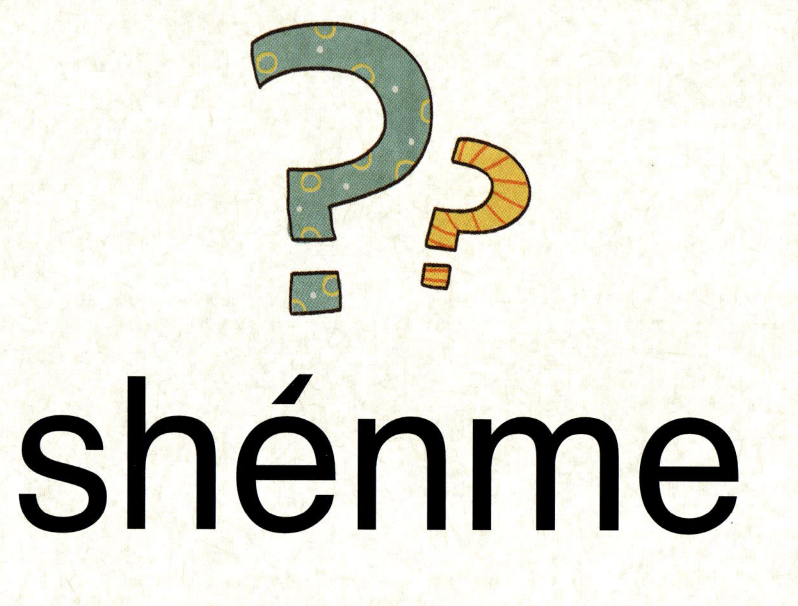

shénme

gēge

míngzi

오리는선

4과

家

4과

妈妈

4과

爸爸

4과

姐姐

오리는선

māma

jiā

jiějie

bàba

오리는선

jìzhě

yǐzi

xǐhuan

diànshì

오리는선

7과

椅子

8과

记者

7과

电视

8과

喜欢

오리는선

zhuōzi

shǒujī

diànnǎo

shū

오리는선

7과

手机

7과

桌子

7과

书

7과

电脑

오리는선

zhè

xīngqī

bēizi

zuótiān

오리는선

6과

星期

7과

这

6과

昨天

7과

杯子

yuè

kě'ài

hào

jīntiān

오리는선
5과
可爱
6과
月
6과
今天
6과
号

오리는 선

8과

听音乐

8과

画画儿

8과

唱歌

8과

画家

오리는선 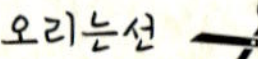

huà huàr

tīng yīnyuè

huàjiā

chànggē

오리는선

8과

苹果

8과

学汉语

8과

看电影

8과

演员

오리는선

xué Hànyǔ

píngguǒ

yǎnyuán

kàn diànyǐng